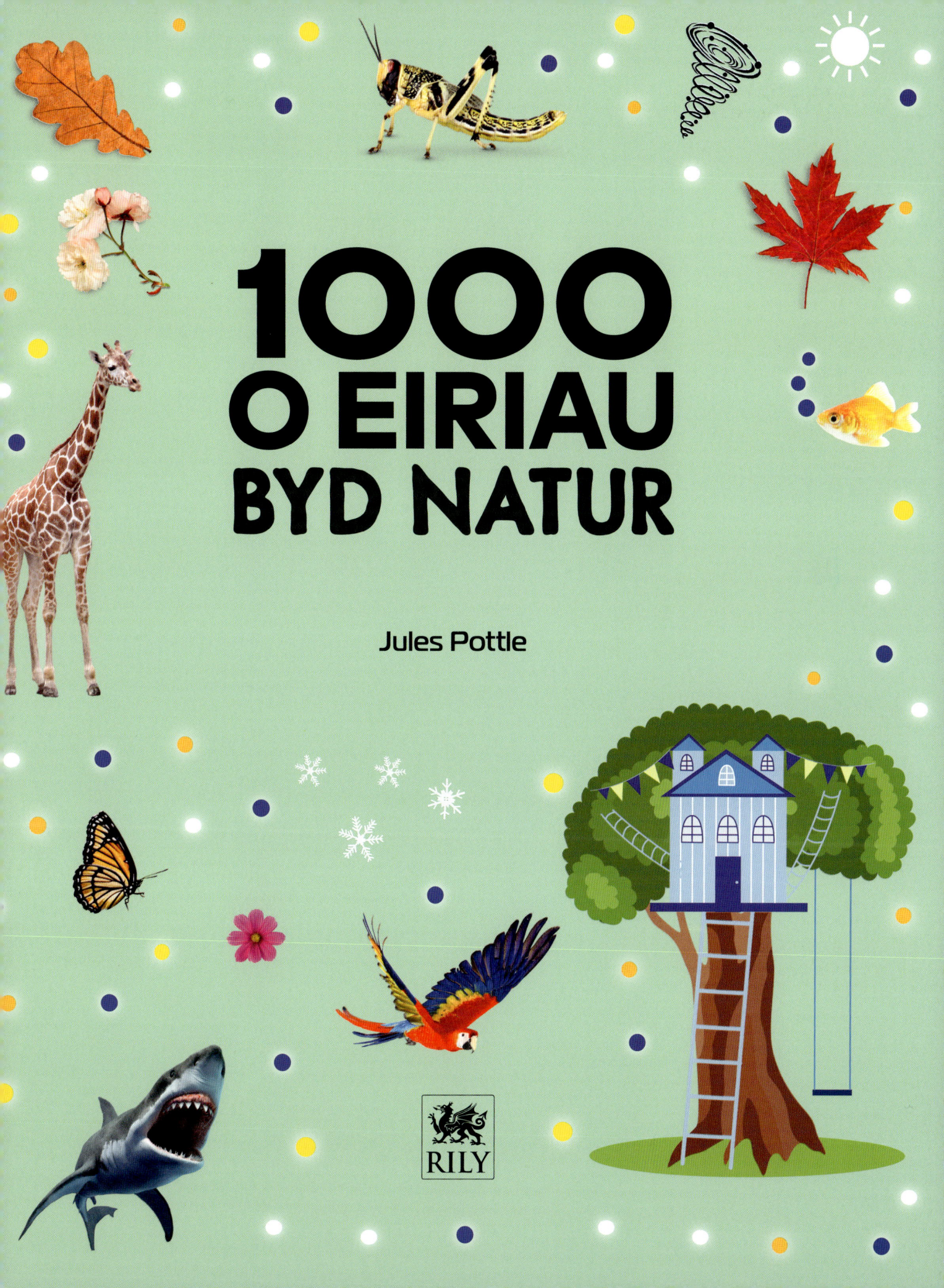

1000
O EIRIAU
BYD NATUR

Jules Pottle

RILY

Ysgrifennwyd gan Jules Pottle
Uwcholygydd Dawn Sirett
Dylunio gan Rachael Hare, Karen Hood,
Samantha Richiardi, Sadie Thomas
Dylunydd DTP Vijay Kandwal
Golygu Atodol Robin Moul
Cynorthwyydd Dylunio Sif Nørskov
Ymchwilydd Lluniau Sumita Khatwani
Dyluniad y clawr Rashika Kachroo, Rachael Hare
Cydlynydd y clawr Issy Walsh
Golygydd Cynhyrchu Abi Maxwell
Rheolydd Cyngynhyrchu Pankaj Sharma
Pennaeth Cynhyrchu Isabell Schart
Pennaeth Golygyddol Penny Smith
Is-gyfarwyddydd Celf Mabel Chan
Cyfarwyddydd Cyhoeddi Sarah Larter

Cyhoeddwyd yn 2022 gan Rily Publications Ltd.,
Blwch Post 257, Caerffili CF83 9FL

www.rily.co.uk

Addasiad: Luned Whelan

Mae cofnod catalog CIP or llyfr hwn ar gael gan y Llyfrgell Brydeinig.

Mae'r cyhoeddwr yn cydnabod cefnogaeth ariannol
Cyngor Llyfrau Cymru.

ISBN 978-1-80416-260-6

Argraffwyd a rhwymwyd yn China.

FSC
www.fsc.org
CYMYSGEDD
Papur | Yn cefnogi
coedwigaeth gyfrifol
FSC® C018179

Gwnaethpwyd y llyfr hwn gyda phapur
cymeradwy gan Gyngor Stiwardio Fforestydd ™
i ddynodi ymrwymiad y cyhoeddwyr i ddyfodol
cynaliadwy.

1000
O EIRIAU
BYD NATUR

Nodyn i rieni a gwarchodwyr

Pwysigrwydd dysgu am fyd natur

Yn yr oes dechnolegol hon, mae bod yn ymwybodol o harddwch a gwead byd natur yn hanfodol i'n llesiant. Drwy neilltuo amser i edrych a gwrando ar yr hyn sydd o'ch cwmpas, mi ddewch chi o hyd i bob math o ryfeddodau naturiol. Hyd yn oed mewn dinas neu dref, mae'r byd yn fyw â bywyd anifeiliaid a phlanhigion, ac ym mhob cynefin ar y Ddaear, mae pob organeb yn bwysig yn ei ffordd ei hun. Mae plant ifanc yn anturiaethwyr greddfol. Maen nhw'n hoffi cyffwrdd ac arogli a thrwytho'u hunain yn eu hamgylchedd. Yn y llyfr hwn, mae geirfa fydd yn sbarduno sgwrs ac yn cynyddu eu gwybodaeth am bynciau sy'n ymwneud â bywyd gwyllt a'r amgylchedd. Bydd yn ennyn chwilfrydedd yn y plant i ymchwilio'n bellach a dysgu mwy. Mae'r llyfr hwn yn fan cychwyn delfrydol i osod seiliau gwerthfawrogiad plant o fyd natur a thrafod sut allan nhw fyw mewn ffordd gyfrifol a chynaliadwy ar ein planed.

In this technological age, being aware of the beauty and complexity of nature is an important part of our wellbeing. If you take the time to look and listen to what is around you, you'll discover all sorts of natural wonders. The world is teeming with plant and animal life, and in every habitat on Earth, each living organism is important in its own way. Young children are natural explorers. This book is a great place to start their appreciation for the natural world and to begin to talk about living responsibly on our planet.

Jules Pottle
Ymgynghorydd gwyddoniaeth cynradd, athrawes, hyfforddydd ac awdur
Primary science consultant, teacher, trainer and author

Cynnwys

6	Ein planed
8	Adnoddau ein byd
10	Pobl a byd natur
12	Gweithgareddau byd natur
14	Y tywydd
16	Eithafion
18	Teyrnasoedd pethau byw
20	Planhigion o bob math
22	Golwg fanwl ar goed
24	Cylchred bywyd planhigion a ffwngi
26	Cylchred bywyd anifeiliaid
28	Teuluoedd anifeiliaid
30	Pen, corff a thraed
32	Amser bwyd
34	Cyfathrebu
36	Cymariaethau anifeiliaid
38	Olion anifeiliaid
40	Gerddi a pharciau
42	Caeau a dolydd
44	Coedwig a choetiroedd
46	Afonydd
48	Y môr a'r arfordir
50	Fforestydd glaw
52	Safanau
54	Anialdiroedd
56	Mynyddoedd
58	Yr Arctig a'r Antarctig
60	Gwarchod byd natur
62	Gweithio ym maes byd natur
64	Cydnabyddiaethau

Ein planed

Mae ein planed – y Ddaear – yn cylchdroi o amgylch yr haul yn y gofod. Y tu mewn i'r Ddaear, mae craidd crasboeth o graig hylif. O gwmpas y Ddaear, mae nwyon sy'n ffurfio atmosffer y Ddaear. Cafodd y Ddaear ei ffurfio amser maith yn ôl. Mae ei thirwedd a'i bywyd gwyllt wedi newid dros amser.

Y Ddaear

y gofod

Ai'r tir neu'r môr sy'n gorchuddio'r rhan fwyaf o arwyneb y Ddaear?

Y lleuad

tir

Nodweddion tirwedd

ceudwll

llosgfynydd

mynydd

cwm

afon

pistyll poeth

llyn

nant

craig

6

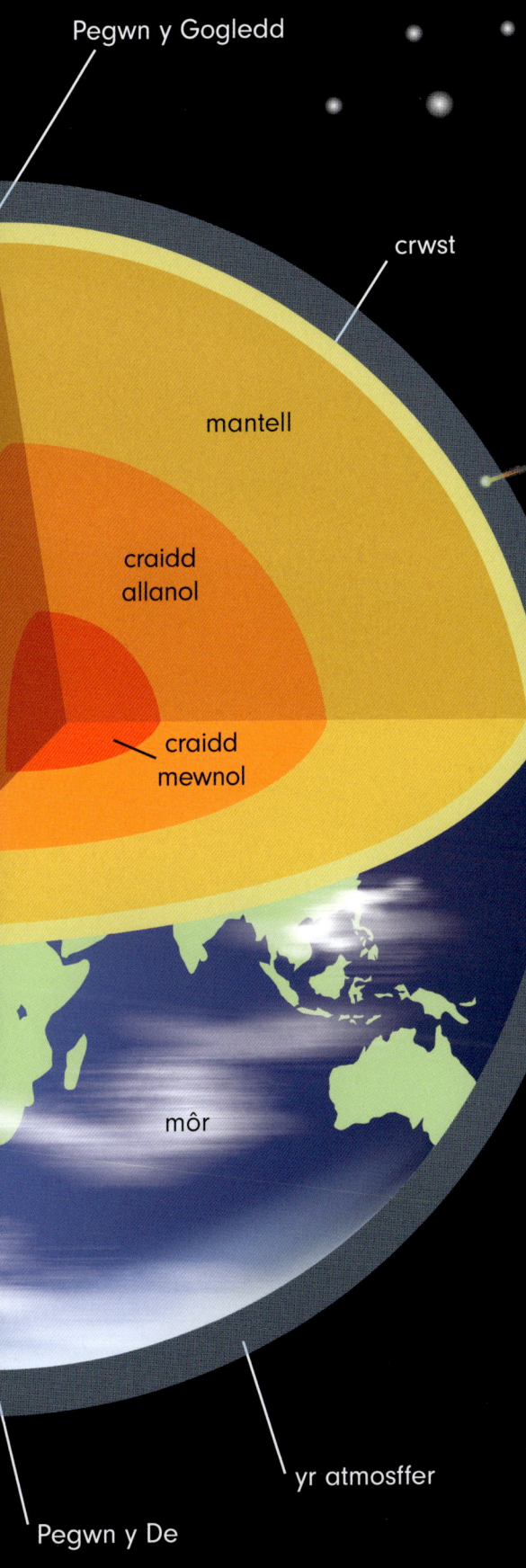

Pegwn y Gogledd

yr haul

crwst

mantell

craidd allanol

seren wib

craidd mewnol

sêr

môr

yr atmosffer

Pegwn y De

Anifeiliaid amser maith yn ôl

megazostrodon

pterosor

deinosor

pysgfadfall

mamoth

Enw pa anifail oedd yn byw ar y Ddaear amser maith yn ôl sy'n golygu 'madfall erchyll'?

7

Adnoddau ein byd

Mae ein byd yn llawn deunyddiau defnyddiol.

Mae angen i ni geisio peidio'u gwastraffu.

Mae'n bwysig hefyd i ni ostwng lefel y llygredd y mae rhai deunyddiau'n ei gynhyrchu.

Adnoddau anadnewyddadwy

tanwydd ffosil

nwy

olew

glo

Trafnidiaeth tanwydd ffosil

awyren

lorri disel

car petrol

Llygredd

plastig

arllwysiad olew

tafladwy

deunydd un-tro

tirlenwi

Sbwriel

gwastraffus

atgyweirio

Helpu ein byd

Beth gallwn ni ei ailgylchu a beth gallwn ni ei ailddefnyddio?

ailddefnyddio

arbed

ailgylchu

Adnoddau adnewyddadwy

insiwleiddio cartrefi

ynni dŵr

ynni cynaliadwy

arbed ynni

gwres o'r ddaear

tyrbin gwynt

paneli solar

bar siampŵ

codi sbwriel

plastig compostadwy

compost

casgen ddŵr

bin ailgylchu

cau'r tap

Pobl a byd natur

Ers miloedd o flynyddoedd, rydyn ni, drigolion y Ddaear, wedi gwneud i fyd natur weithio droston ni. Dylen ni wneud hyn â pharch, a gofalu am ein planed a phawb a phopeth sy'n byw arni.

Ar y Fferm

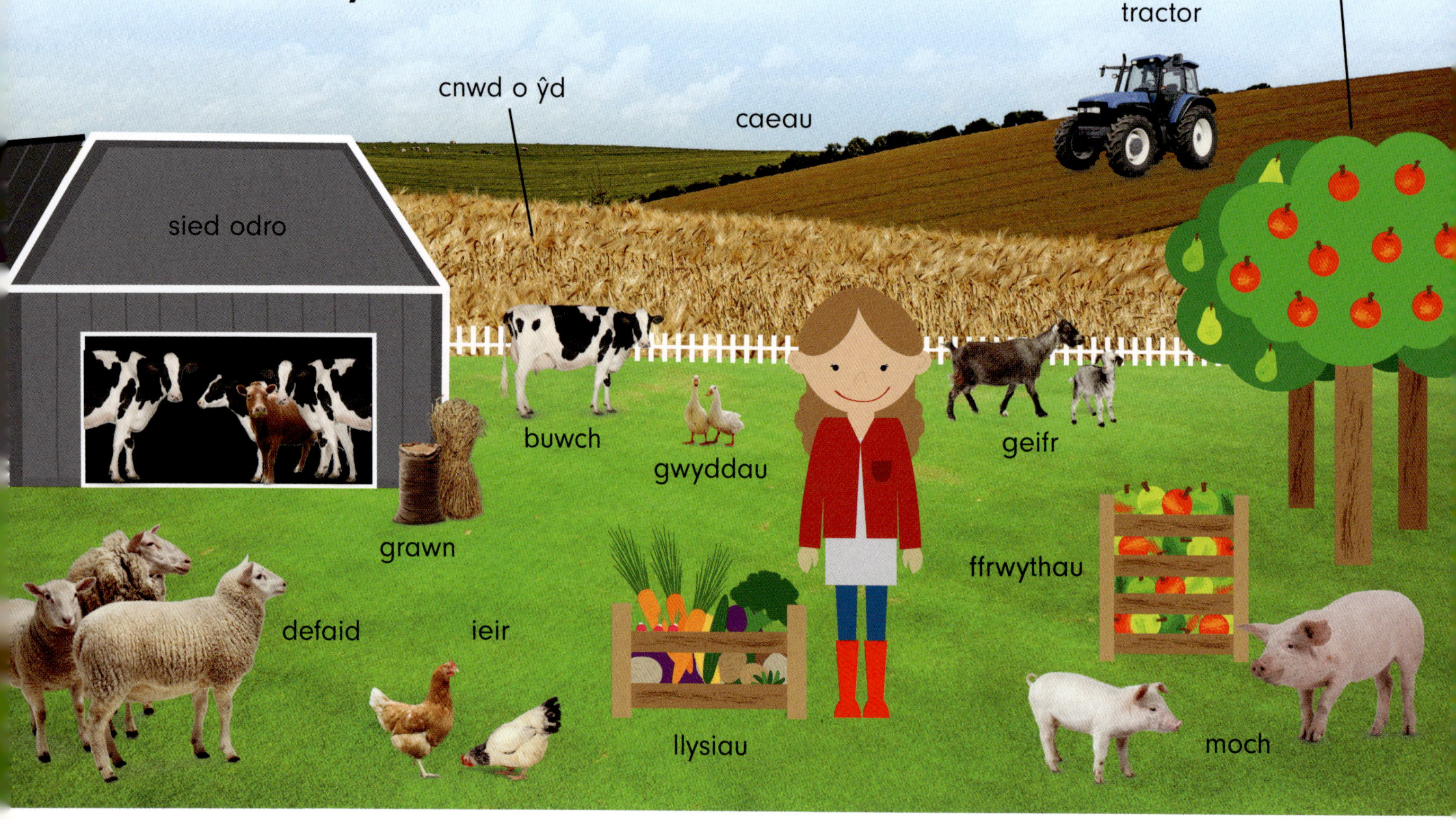

coed ffrwythau

tractor

cnwd o ŷd

caeau

sied odro

buwch

gwyddau

geifr

grawn

ffrwythau

defaid

ieir

llysiau

moch

Wyt ti wedi gofalu am anifail anwes erioed? Beth sydd ei angen ar anifeiliaid anwes?

Anifeiliaid anwes

cath fach

cwningen

ci

pysgodyn aur

bochdew

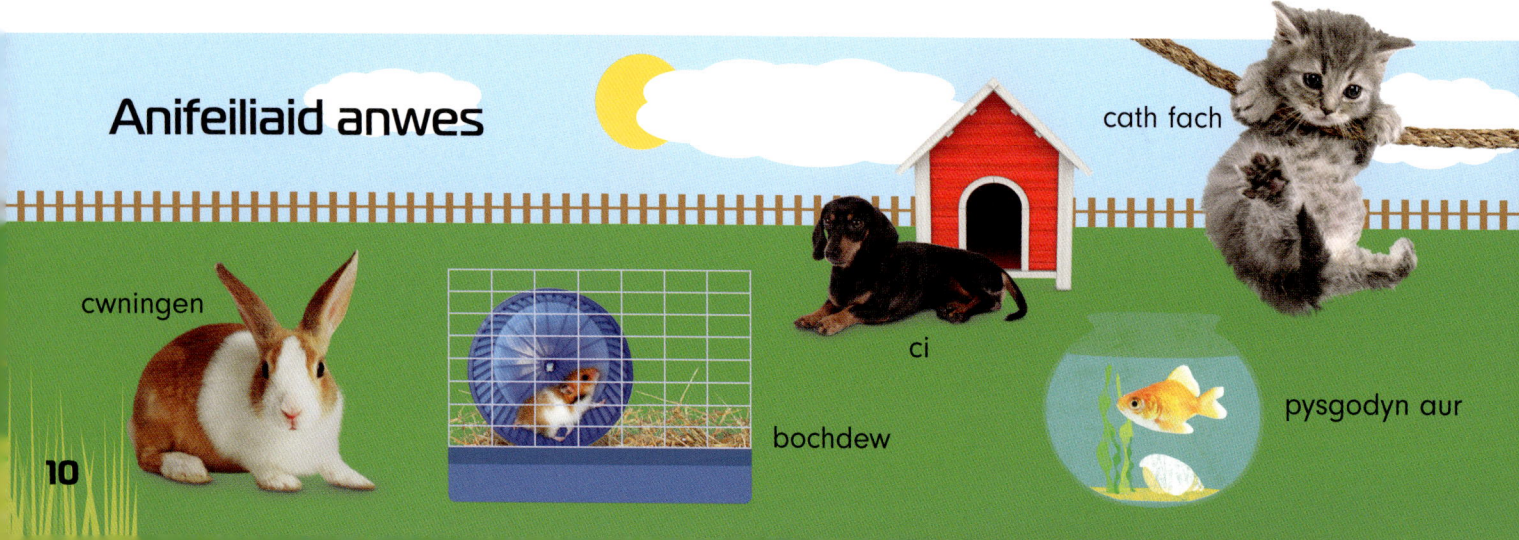

fferm bysgod

cadw gwenyn

gwenyn

mêl

cychod gwenyn

Anifeiliaid fferm anghyffredin

estrysod

crocodeilod

malwod

Anifeiliaid gwaith

ci defaid

ceffyl yr heddlu

ci tywys

Mathau eraill o ffermio

ffermio blodau

ffermio reis

gwinllan

planhigfa de

Mae ffermydd ym mhob rhan o'r byd yn tyfu gwahanol gnydau. Wyt ti'n gwybod beth sy'n cael ei dyfu mewn gwinllan ac yn cael ei ddefnyddio i wneud gwin?

Gweithio gyda dŵr

argae

camlas

Mwyngloddio

chwarel carreg galch

pwll glo

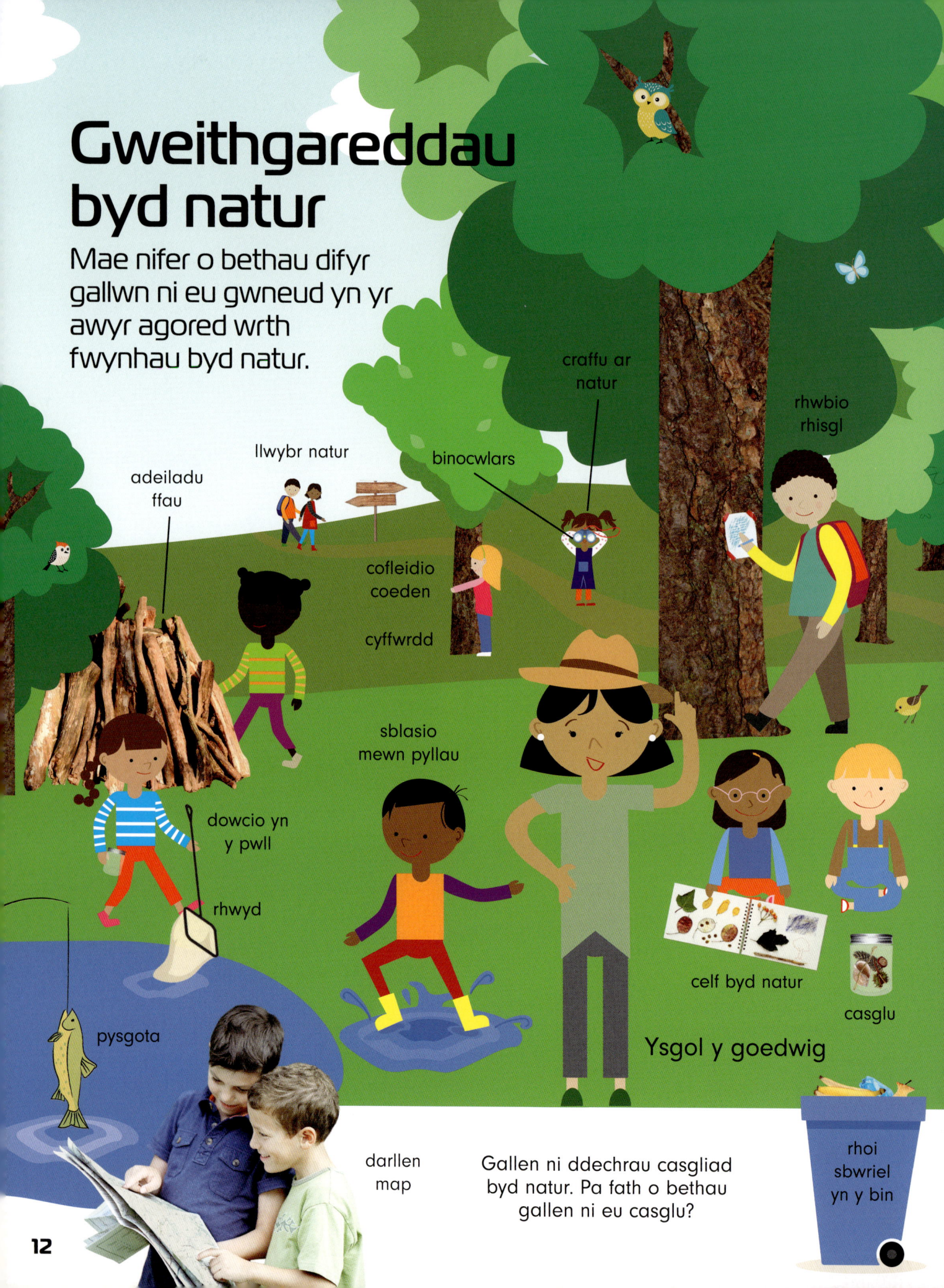

Gweithgareddau byd natur

Mae nifer o bethau difyr gallwn ni eu gwneud yn yr awyr agored wrth fwynhau byd natur.

craffu ar natur

rhwbio rhisgl

llwybr natur

binocwlars

adeiladu ffau

cofleidio coeden

cyffwrdd

sblasio mewn pyllau

dowcio yn y pwll

rhwyd

celf byd natur

casglu

pysgota

Ysgol y goedwig

darllen map

Gallen ni ddechrau casgliad byd natur. Pa fath o bethau gallen ni eu casglu?

rhoi sbwriel yn y bin

trochi traed

hedfan barcud

codi castell tywod

dal crancod

sledio

taflu peli eira

creu angel eira

person eira

Beth am ddewis pethau rydyn ni'n hoffi eu gwneud pan rydyn ni'n mynd allan?

gwersylla

adrodd stori

syllu ar y sêr

crwydro'r nos

cân yr aderyn

tŷ pen coeden

edrych

gwrando

gwylio adar

dyfrhau planhigion

casglu afalau

arogli'r blodau

palu

sgubo dail

cael picnic

hau hadau

13

Y tywydd

Mae'r tywydd yn amrywio o un lle i'r llall.
Mewn rhai gwledydd, ceir pedwar tymor;
mewn rhai eraill, dau dymor sydd.

Heulog

awyr las

het haul

poeth

eli haul

gwres mawr

Gwlyb

enfys

glaw mân

storm o daranau

mellt

niwl

ymbarél

glaw

pyllau

Oer

clychau iâ / pibonwy

cenllysg / cesair

storm o eira

plu eira

het wlân

iâ

rhewedig

eira

llwydrew / barrug

Cymylog

cymylau sirws

cymylu

cymylau stratws

cymylau

Gwyntog

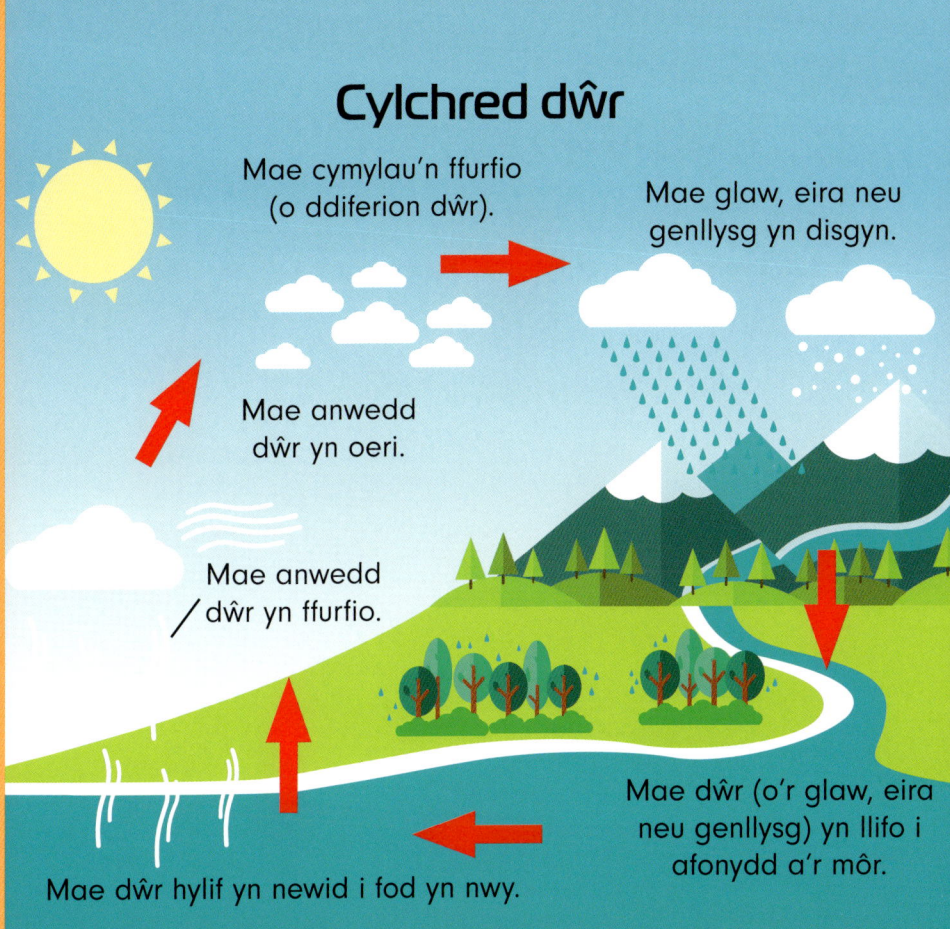

Cylchred dŵr

Mae cymylau'n ffurfio (o ddiferion dŵr).

Mae glaw, eira neu genllysg yn disgyn.

Mae anwedd dŵr yn oeri.

Mae anwedd dŵr yn ffurfio.

Mae dŵr (o'r glaw, eira neu genllysg) yn llifo i afonydd a'r môr.

Mae dŵr hylif yn newid i fod yn nwy.

Y pedwar tymor

y gwanwyn

yr haf

yr hydref

y gaeaf

Y ddau dymor

y tymor sych

y tymor gwlyb

Beth yw dy hoff fath o dywydd?

Eithafion

O gorwyntoedd a llifogydd i anialdiroedd sych a thiroedd rhewedig, mae tywydd eithafol a lleoliadau anhygoel ar ein planed.

Alli di weld pa fath o dywydd niwlog sy'n cael ei achosi gan lygredd yr aer?

Tywydd eithafol

sychder   crin

llifogydd

tswnami

cylchwynt

corwynt

trowynt

mwrllwch

storm dywod

gwres eithafol a thanau gwyllt

storm cenllysg / cesair

storm eira

storm iâ   rhewllyd

Lleoliadau anhygoel

Y Môr Marw, Asia

arwyneb tir isaf y Ddaear

Mynydd Eferest, Asia

arwyneb tir uchaf y Ddaear

Furnace Creek, Gogledd America

y tymheredd uchaf a gofnodwyd

Gorsaf Vostok, Antarctica

y tymheredd isaf a gofnodwyd

Anialwch Atacama, De America

y lle sychaf

Mawsynram, Asia

y lefel uchaf o law

Angel Falls, De America

y rhaeadr uchaf

Yr Hafn Fawr, Gogledd America

y ceunant mwyaf

Llosgfynydd Kilauea, Ynysoedd y De

llosgfynydd mwyaf byw y Ddaear

Y Barriff Mawr, Y Môr Tawel

y greigres gwrel fwyaf

Ffos Mariana, Y Môr Tawel

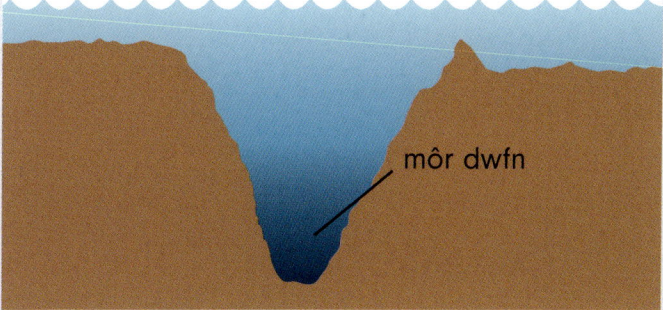

môr dwfn

rhan ddyfnaf y cefnfor

I ba rai o'r llefydd rhyfeddol hyn yr hoffet ti fynd i anturio?

Teyrnasoedd pethau byw

Mae gwahanol nodweddion yn helpu gwyddonwyr i rannu'r holl bethau byw yn grwpiau. Dyma'r pum prif grŵp – teyrnas yw'r enw arnyn nhw – a rhai o'r is-grwpiau o fewn pob teyrnas.

Molysgiaid

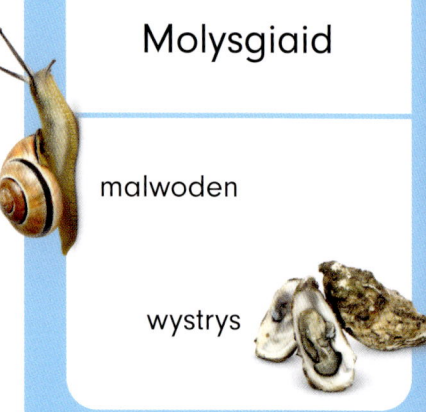

malwoden

wystrys

Crestogion

pryf lludw

cranc

Planhigion

Planhigion blodeuol

coeden afalau

rhosyn

glaswellt / gwair / porfa

Planhigion diflodau

coniffer

rhedyn

mwsoglau a llysiau'r afu / iau

Ffyngau

llwydni

madarch

Protistiaid

alga coch

protosoad

Monera

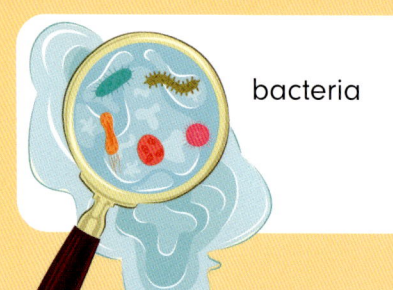

bacteria

Arachnidau

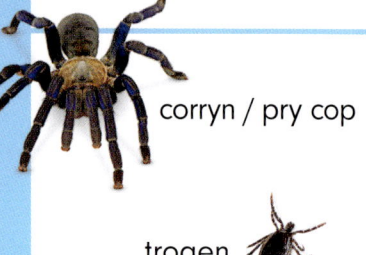

corryn / pry cop

trogen

Seffalopodau

môr-lawes

wythdroed

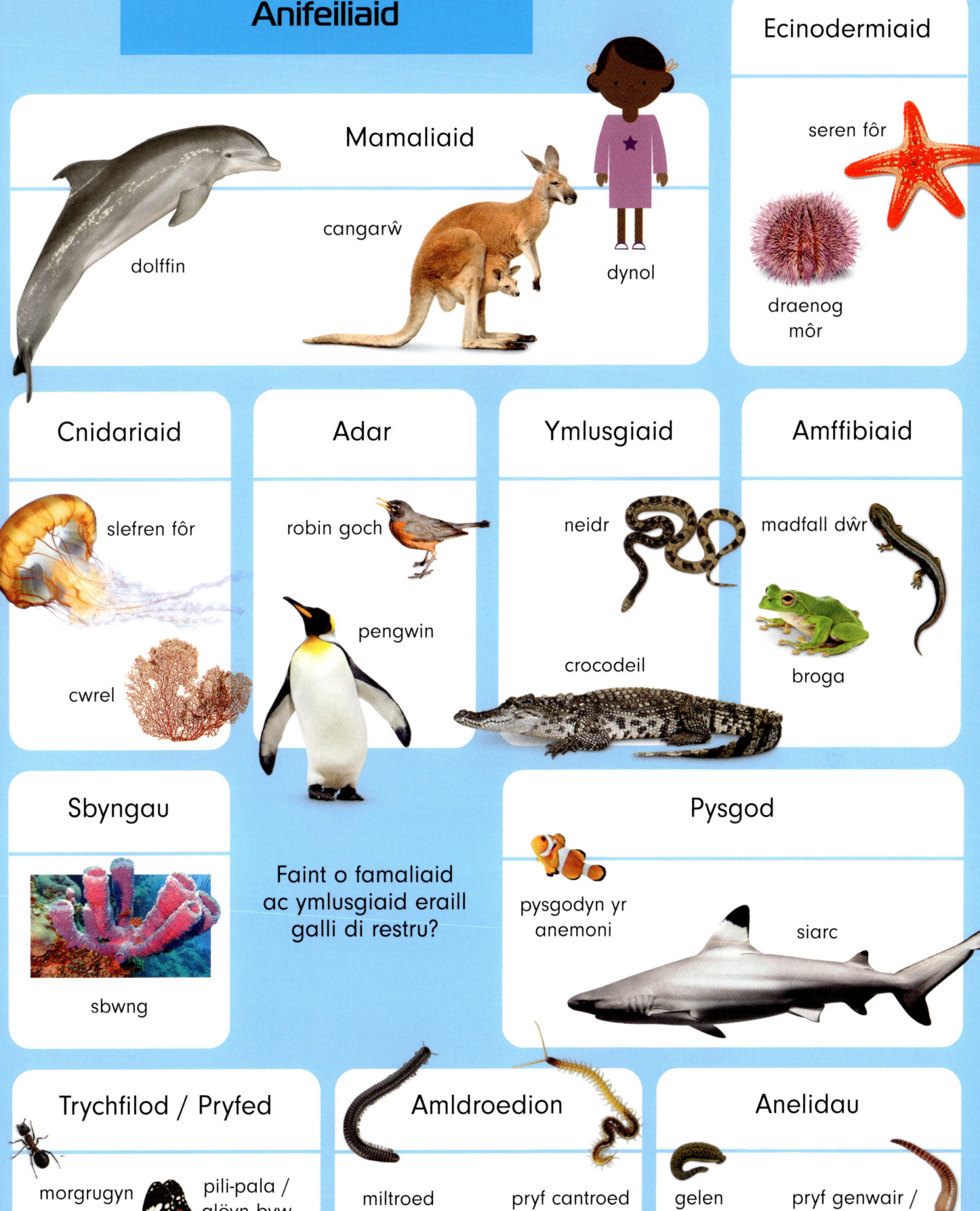

Anifeiliaid

Mamaliaid

dolffin

cangarŵ

dynol

Ecinodermiaid

seren fôr

draenog môr

Cnidariaid

slefren fôr

cwrel

Adar

robin goch

pengwin

Ymlusgiaid

neidr

crocodeil

Amffibiaid

madfall dŵr

broga

Sbyngau

sbwng

Faint o famaliaid ac ymlusgiaid eraill galli di restru?

Pysgod

pysgodyn yr anemoni

siarc

Trychfilod / Pryfed

morgrugyn

pili-pala / glöyn byw

Amldroedion

miltroed

pryf cantroed

Anelidau

gelen

pryf genwair / mwydyn

Planhigion o bob math

Mae nifer fawr o wahanol blanhigion i'w cael, ond maen nhw i gyd yn cyflawni rhywbeth rhyfeddol – mae nhw'n defnyddio dŵr, aer a golau'r haul i wneud eu bwyd eu hunain. Yr enw ar y broses hon ydi ffotosynthesis.

Gall perlysiau gael eu defnyddio i sawru bwyd. Pa berlysiau wyt ti wedi eu bwyta?

Prysgwydd

blodyn yr enfys

coed bocs

Perlysiau

brenhinllys

teim

Blodau

perarogl

blodyn Saron

petal

tegeirian

blaguryn

deilen

coesyn

draenen

cennin Pedr

tiwlipau

rhosyn

Alli di ddyfalu ymhle mae'r goeden faobab yn storio dŵr?

Planhigion rhyfedd

magl Gwener

planhigyn aer

mae'n dal clêr!

ddim angen pridd

coeden faobab

mae ganddi fonyn llydan

20

Planihigion dringo

iorwg

ffa dringo

Cacti

casgen euraid

clustiau cwningen

Coed

dail llydan

masarnen

helygen wylofus

palmwydden

Conifferau

ffynidwydden

pinwydden

Ffrwythau a llysiau i'w bwyta

oren

afal

ffrwyth ciwi

moron

bresychen

brocoli

Planhigion dŵr

gwymon

lili'r dŵr

Ffotosynthesis

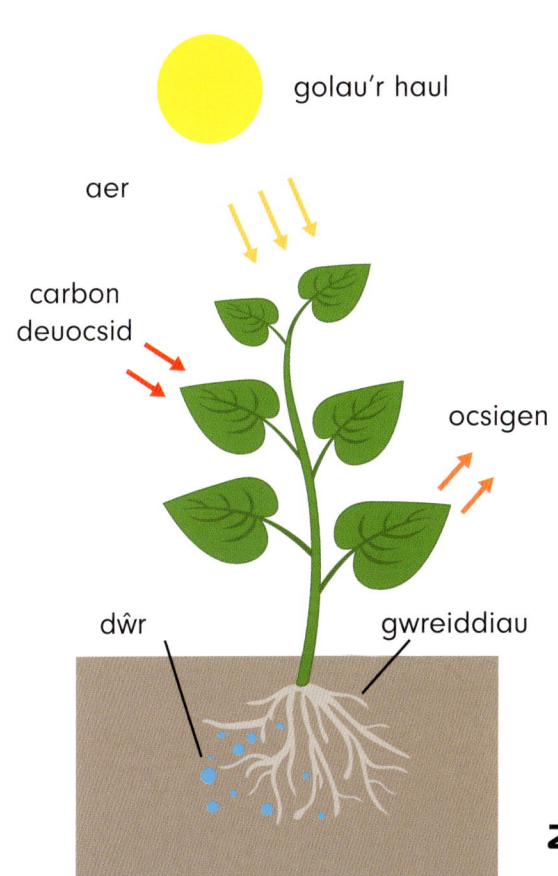

golau'r haul

aer

carbon deuocsid

ocsigen

dŵr

gwreiddiau

21

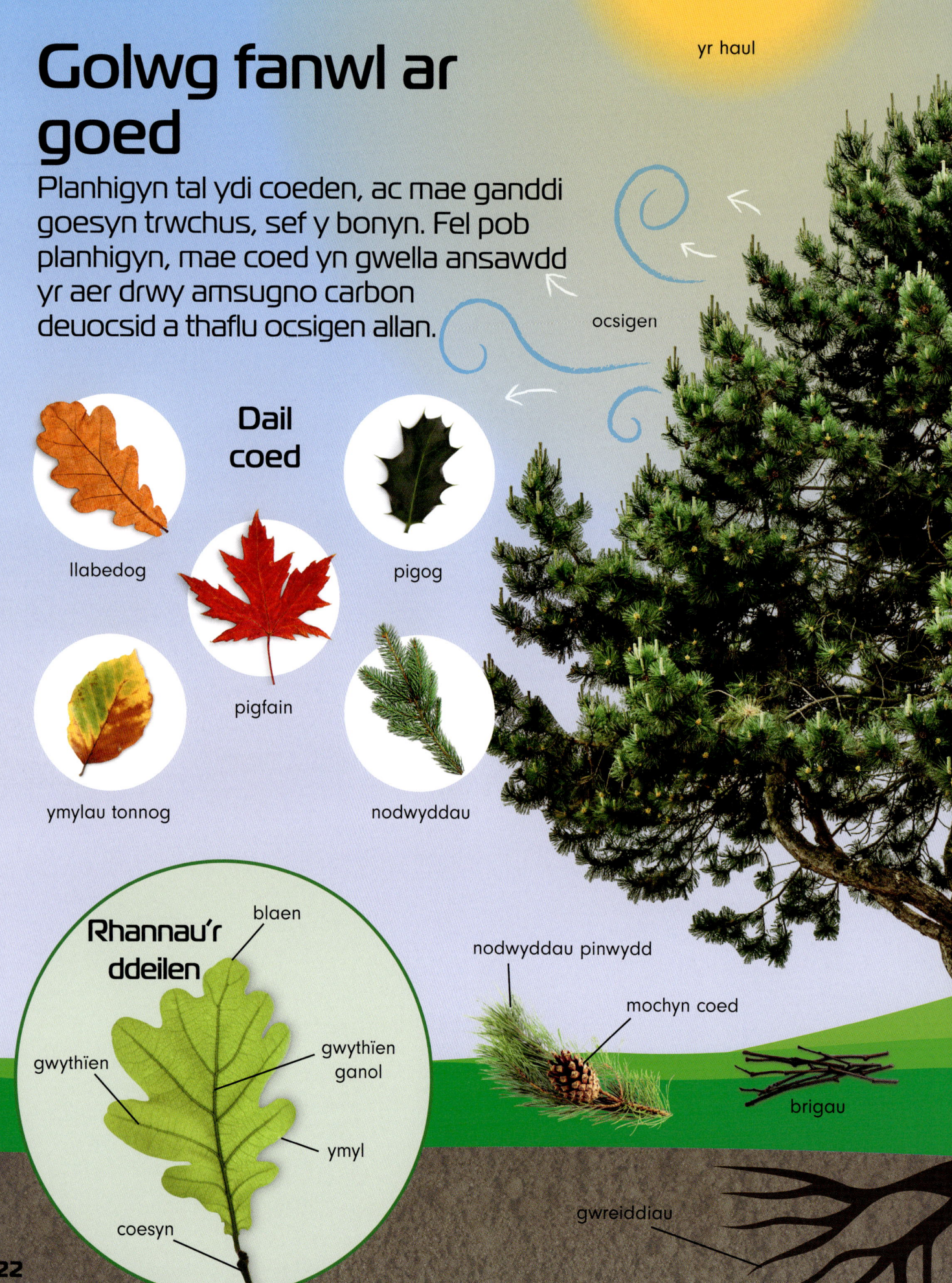

Golwg fanwl ar goed

Planhigyn tal ydi coeden, ac mae ganddi goesyn trwchus, sef y bonyn. Fel pob planhigyn, mae coed yn gwella ansawdd yr aer drwy amsugno carbon deuocsid a thaflu ocsigen allan.

yr haul

ocsigen

Dail coed

llabedog

pigog

pigfain

ymylau tonnog

nodwyddau

Rhannau'r ddeilen

blaen

gwythïen

gwythïen ganol

ymyl

coesyn

nodwyddau pinwydd

mochyn coed

brigau

gwreiddiau

bythwyrdd
mae'n cadw'i dail drwy'r flwyddyn

coeden
binwydd

carbon
deuocsid

Blodau'r coed

blodau
ceirios

cynffon oen bach

blaguryn bricyll

Ffrwythau'r coed

afalau

eirin

lemonau

derwen

cangen

rhisgl

bonyn

pren

cylchoedd coeden

deilen derwen

priciau

mes

cymal
coeden

collddail
mae'n colli ei
dail yn yr
hydref

Mae hedyn coeden dderw'r tu mewn i fesen.
Ymhle fyddet ti'n dod o hyd i hadau
coeden binwydd?

23

Cylchred bywyd planhigion a ffwngi

Mae'r rhan fwyaf o blanhigion yn tyfu
o hadau, bybiau neu gloron (tubers).
Mae ffwngi'n tyfu o sborau bach bach.

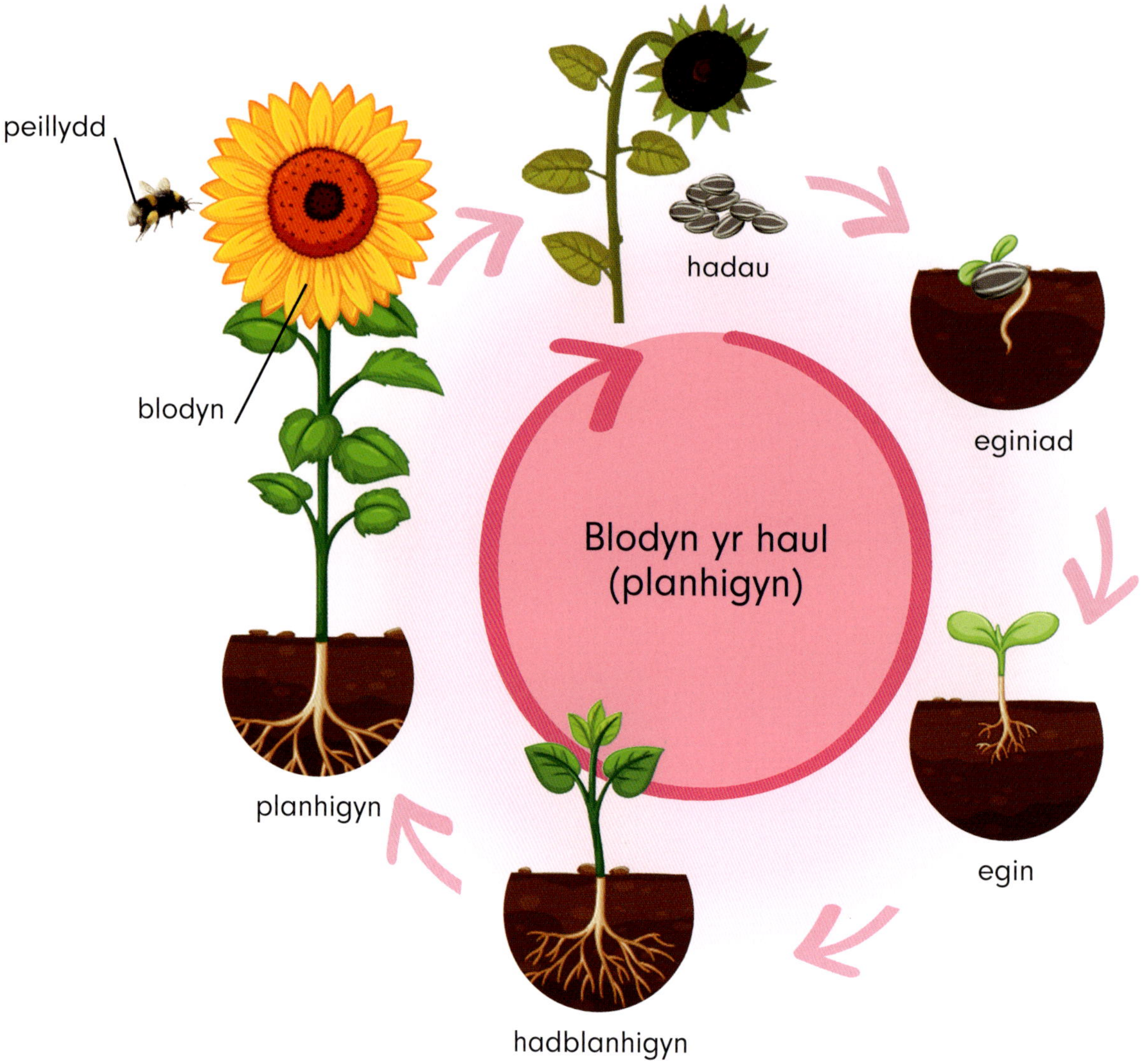

peillydd

blodyn

hadau

eginiad

Blodyn yr haul
(planhigyn)

egin

planhigyn

hadblanhigyn

Wyt ti wedi plannu hadau o'r blaen? Sut buest ti'n gofalu amdanyn nhw?
Meddylia am rai o'r pethau wnest ti i'w helpu nhw i dyfu.

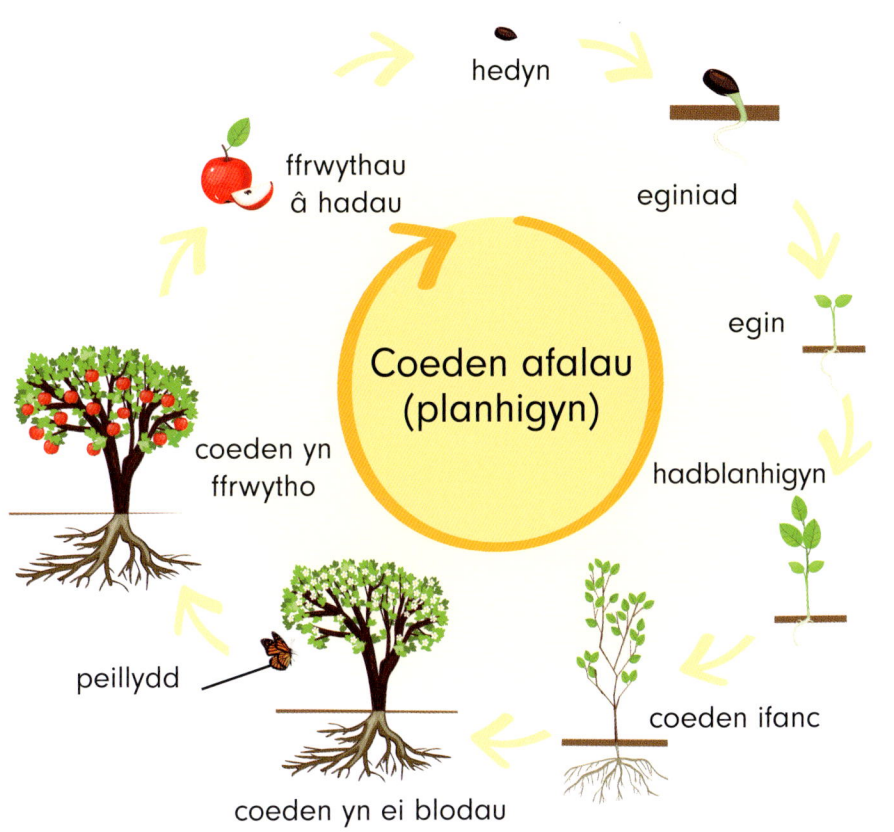

hedyn

ffrwythau â hadau

eginiad

egin

coeden yn ffrwytho

hadblanhigyn

Coeden afalau (planhigyn)

peillydd

coeden ifanc

coeden yn ei blodau

gronynnau paill

peillydd

paill

stigma

hedyn

wygell

Peillio

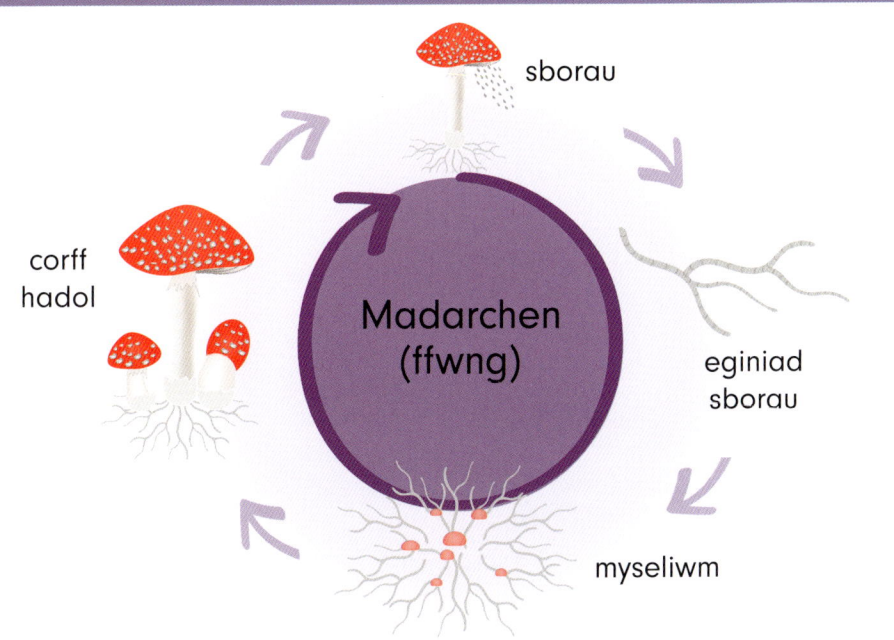

sborau

corff hadol

Madarchen (ffwng)

eginiad sborau

myseliwm

hadau mewn cennau coediog

mochyn coed

hadau sycamorwydden

carreg afocado

hadau (pys)

codau pys

Bylbiau a chloron

bylbiau tiwlip

cloronen tatws

25

Cylchred bywyd anifeiliaid

Mae cathod yn cael cathod bach, and mae'r cathod bach yn tyfu'n gathod. Wedyn, mae'r cathod rheini'n cael cathod bach. Dyma gyfle i ddysgu am gylchred bywyd anifeiliaid.

unigolyn feichiog

babi

Bod dynol

oedolyn

plentyn

cath feichiog

Cath

cath mewn oed

cath fach

wy

silod mân

Pysgodyn tiwna mawr

pysgodyn mewn oed

cangarŵ'n cario cyw cangarŵ

cangarŵ mewn oed

Cangarŵ

cyw cangarŵ

cod

bolgodog

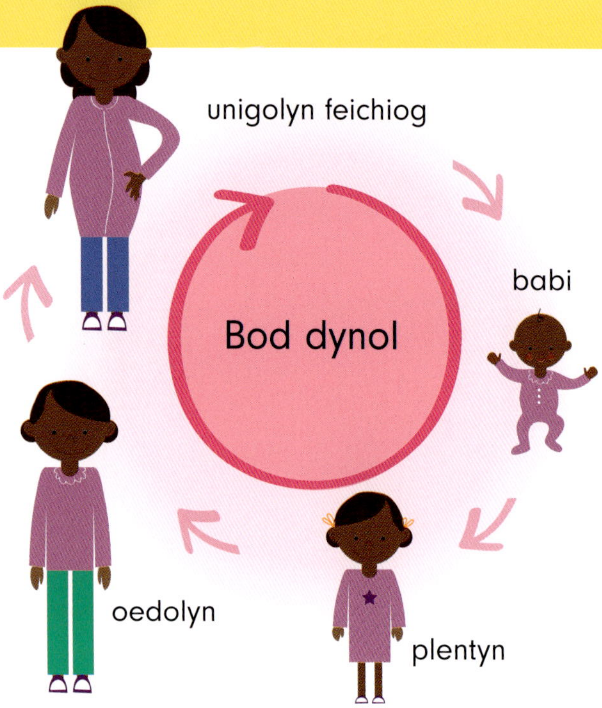

Wyt ti'n gallu gweld y cyw cangarŵ yng nghod ei fam?

wy

glöyn aeddfed

Glöyn y llaethlys

deor

larfa (lindysyn)

crysalis

codennau wy

Locust yr anialwch

locust aeddfed

larfa (nymff)

wy â phlisgyn gwydn

deoryn

neidr aeddfed

Peithon torchi

neidr anaeddfed

bwrw hengroen

wy â phlisgyn caled

wyau mewn grifft broga

pengwin aeddfed

broga aeddfed

Broga Ewropeaidd

penbwl

Pengwin Patagonia

deoryn

cyw froga

cyw

Wyt ti'n gwybod ymhle mae brogaod yn gosod eu grifft?

Teuluoedd Anifeiliaid

Wyt ti'n gallu enwi benyw, gwryw a babi'r teuluoedd hyn o anifeiliaid? Mae gan rai enwau penodol, a does gan rai eraill ddim.

caseg

stalwyn

tarw

buwch

llo

ebol

baedd

ceiliog

dafad

maharen

ŵyn

hwch

mochyn bach

iâr

cywion

buwch goch gota gwryw

buwch goch gota benyw

gwrcath / cwrcyn

cath

gast

cath fach

larfa

ci bach

ci

ceiliog
hwyaden

hwyaden

corryn /
pry cop
gwryw

corryn /
pry cop benyw

hwyaden fach

copynnod
bychain

bwch cangarŵ

ewig
cangarŵ

cyw cangarŵ

ewig

carw

twrch

elain

hwch   cenau

dyn

menyw

crwban gwryw

crwban
benyw

babi

deoryn

Enwau torfol anifeiliaid

Pa rai wyt ti'n eu nabod?

cnud o lewod   haid o ddolffiniaid   praidd o ddefaid   nythfa o forgrug

29

Pen, corff a thraed

Meddylia am anifail. Sut olwg sydd ar ei ben,
ei gorff a'i draed? Ydyn nhw'r un fath â dy rai di?

Pennau

Gan ba anifail mae'r clustiau mwyaf?

clust

ysgithr

trwnc

cyrn

blew

crib pluog

swch

coesyn llygad

cyrn carw

dant

mwng

chwythdwll

wisgers

antena

aden

pigau

cennau

abdomen

Traed (a dwylo!)

traed tiwb

aden fflat

pawennau

crafangau

carnau

gwadnau gludiog

tros-goesau

traed gweog

crafangau

asgell

bysedd

bysedd traed

Pam bod gan adar
dŵr draeg gweog?
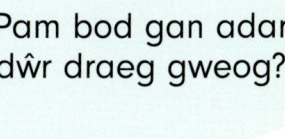

Cyrff

croen

pedwartroedog

ffwr
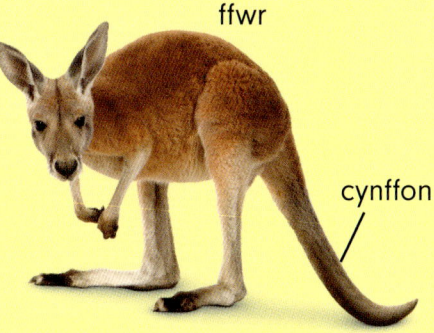
cynffon

gwrych

cragen

plu

sgerbwd allanol

mewnsgerbwd
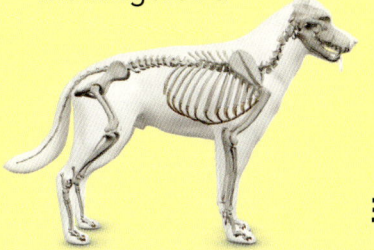

31

Amser bwyd

Beth mae anifeiliaid yn ei fwyta
a sut maen nhw'n bwyta?
Gadewch i ni weld.

hollysydd
(mae'n bwyta planhigion a chig)

cigysydd
(mae'n bwyta cig)

eirth

llysysydd
(mae'n bwyta planhigion)

ysglyfaeth   llewpart

fultur

pori

gafrewig / antelop

ysglyfaeth

sborionwr
(mae'n bwyta
gweddillion)

glaswellt / gwair / porfa

Y gadwyn fwyd

   llif maetholion

**Dulliau
bwyta**

ceg

**cnoi a
brathu**

Mae afancod
yn bwyta dail,
brigau a rhisgl,
ac yn torri coed
i wneud
argaeau.

deintio

sugnydd
(ceg fel
gwelltyn)

llepian

Mae morgrug
gên glec yn
bwyta pryfed
eraill.

neithior

sugno

mantau
(rhannau'r
geg)

barod i frathu

Anifeiliaid â deiet neilltuol

chwilbaw

tail

panda

bambŵ

ystlum fampir

brathu

gwaed

gwaed

mosgito

Alli di enwi anifeiliaid ifanc sy'n bwydo ar laeth eu mam?

pig

crac!

cneuen

malu

Mae llawer o bryfed cop yn hylifoli cylla pryfed a'i yfed.

hylifoli

llaeth

sugno'r deth

esgyrn morfil (rhidyllu drwy rannau'r geg)

cril

hidlwr bwyd

Cyfathrebu

Dydi swolegwyr ddim yn gallu siarad ag anifeiliaid, ond maen nhw'n deall rhai o'u negeseuon. Wyt ti?

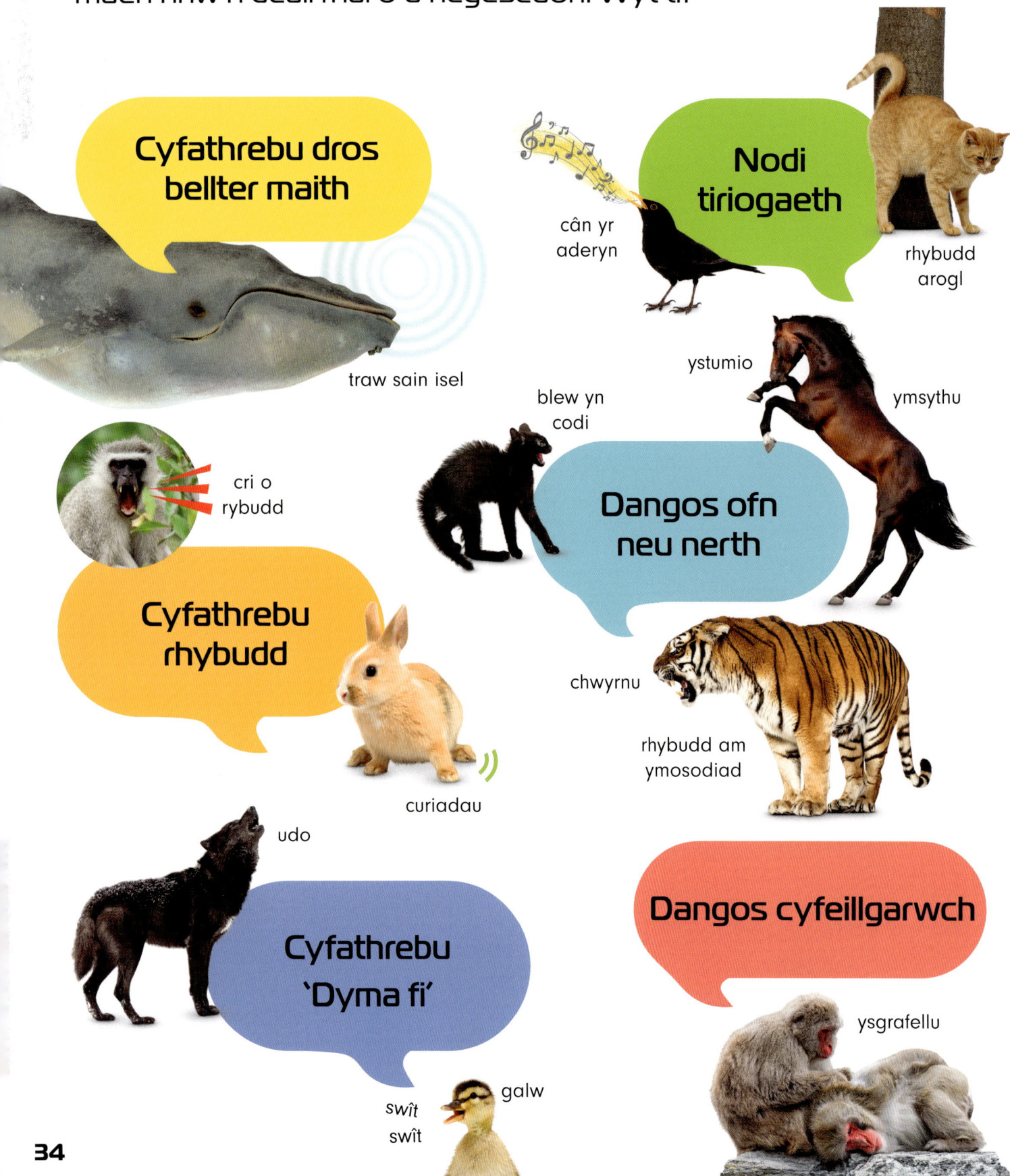

Cyfathrebu dros bellter maith

traw sain isel

cân yr aderyn

Nodi tiriogaeth

rhybudd arogl

cri o rybudd

Cyfathrebu rhybudd

curiadau

ystumio

ymsythu

blew yn codi

Dangos ofn neu nerth

chwyrnu

rhybudd am ymosodiad

udo

Cyfathrebu 'Dyma fi'

swît swît

galw

Dangos cyfeillgarwch

ysgrafellu

Dangos ymhle mae'r bwyd

Mae gwenyn yn dawnsio (i ddweud wrth wenyn eraill ymhle mae blodau).

Cyfathrebu gyda phobl

Koko y gorila

iaith arwyddo

Cyfathrebu chwareus

crymu chwareus

Mae gwryw aderyn Paradwys yn arddangos ei hun.

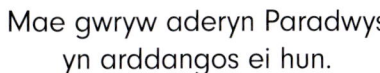

Mae gwryw criciedyn yn trydar.

Denu cymar

Mae nifer o adar gwryw yn canu i ddenu cymar. Mae rhaid adar benyw yn canu hefyd.

Mae gwryw chwyddbysgodyn yn creu nyth ar gyfer wyau'r benyw.

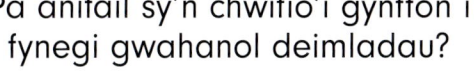

Pa anifail sy'n chwifio'i gynffon i fynegi gwahanol deimladau?

35

bleiddiaid

Cymariaethau anifeiliaid

Mawr a bach, gwyllt a dof, gwenwynig neu ddiberygl – edrychwch ar y gwahaniaethau rhwng yr holl anifeiliaid yma!

y cyflymaf ar y tir

llewpart

dof

cath

dau o'r mwyaf araf

milflodyn

malwoden

hywedd

dafad

Pa anifail yw'r mwyaf sy'n cerdded ar y tir? (Cliw: mae ganddo drwnc hir).

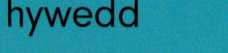

morfil glas

trwm

golau

y mwyaf

y pethau byw lleiaf

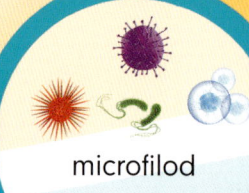

microfilod

unig

llewpard eira

cymdeithasol

cŵn

creadur
y dydd

pili-pala

gwenwynig

gwiber

diberygl

neidr ddefaid

trawiadol

aderyn Paradwys

cuddliw

octopws

nosol

gwybedyn

tal

jiráff

byr

llygoden

plaen

ceffyl

patrymog

sebra

teigr

llwynog / cadno

hollysydd

cigysydd

cwningen

llysysydd

Tail

Mae llawer o fathau a meintiau o dail!

Pa anifail sy'n carthu tail siâp ciwb?

tail cwningen

baw llwynog

dom aderyn

baw madfall

baw wombat

Olion anifeiliaid

Dysgwch adnabod carthion (tail) gwahanol anifeiliaid. Talwch sylw i blanhigion sy'n pydru hefyd – mae anifeiliaid a microbau'n bwyta'r rhain. Efallai ddewch chi o hyd i dystiolaeth o bethau oedd yn byw amser maith yn ôl.

Planhigion sy'n pydru

Pa greaduriaid sy'n bwyta'r boncyff?

microbau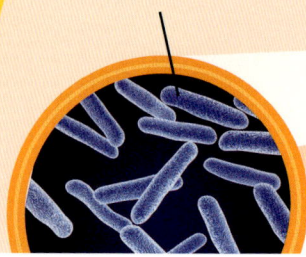

olion anifeiliaid

Rhagor o olion anifeiliaid

dannedd siarc

cregyn

sgerbwd

esgyrn

peled tylluan

baw dyfrgi

calchfa ystlum

Gall hadau gael eu cludo mewn tail anifeiliaid.

pridd mwydon

llwch trychfilod

sgat arth

tom eliffant

compost naturiol

marw

carbon deuocsid

boncyff

madarch

tyfiant newydd

ffyngau

torllwyth dail

maetholion

ailgylchu naturiol

larfa chwilen gorniog

mwyaf genwair / mwydyn

treulio

chwilen gorniog

Olion o amser maith yn ôl

pen-glog ffosil

cnau wedi'u claddu gan wiwerod

amonit (ffosil molwsg)

ambr (ffosil resin coeden)

coprolit (tail ffosil)

ôl troed deinosor

39

Gerddi a pharciau

Mae cant a mil o bethau gwych i'w gweld
a'u gwneud mewn gardd neu barc.

llwyni

pwll

broga

gwiwer

gwenynen

peillydd

blodau coed
afalau

pry cop /
corryn

gwe pry cop

porthwr
adar

sied

rhaca

potiau
blodau

casgen ddŵr

piben ddŵr

aderyn y to

can dŵr

Mae gan bob trychfilyn chwe choes.
Ydy pryfed lludw yn gramennog
neu'n drychfilod?

bwrdd adar

ceiliog rhedyn /
sioncyn y gwair

morgrugyn

pryf lludw

Parc

peiriant torri gwair

blodau

coeden geirios

gwely blodau

bin compost

hadau

glaswellt / gwair / porfa

llain llysiau

menig garddio

trywel

pry genwair / mwydyn

berfa / whilber

pili-pala

pridd

peillydd

chwyn

malwoden

ôl malwoden

chwilen

Gardd

41

Caeau a dolydd

Cnydau sy'n cael eu plannu mewn rhai caeau.
Mae eraill yn llawn blodau gwyllt.
Gall glaswelltiroedd fod yn wyrdd â gwair
neu'n sych ac yn llychlyd.

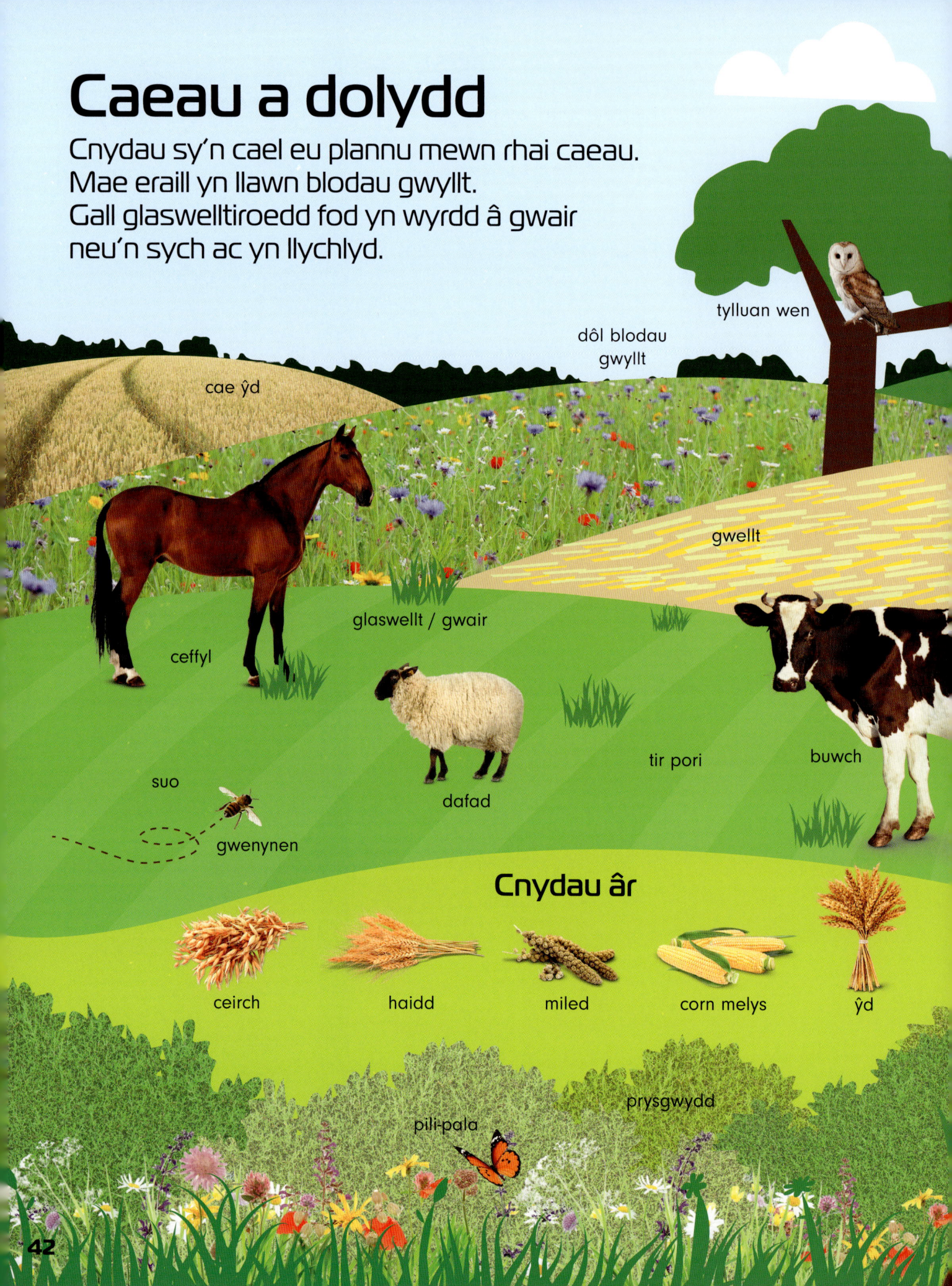

tylluan wen

dôl blodau gwyllt

cae ŷd

gwellt

glaswellt / gwair

ceffyl

suo

gwenynen

dafad

tir pori

buwch

Cnydau âr

ceirch

haidd

miled

corn melys

ŷd

prysgwydd

pili-pala

Alli di feddwl am fwyd rwyt ti'n ei hoffi sy'n cynnwys cnwd âr?

gwalch y môr

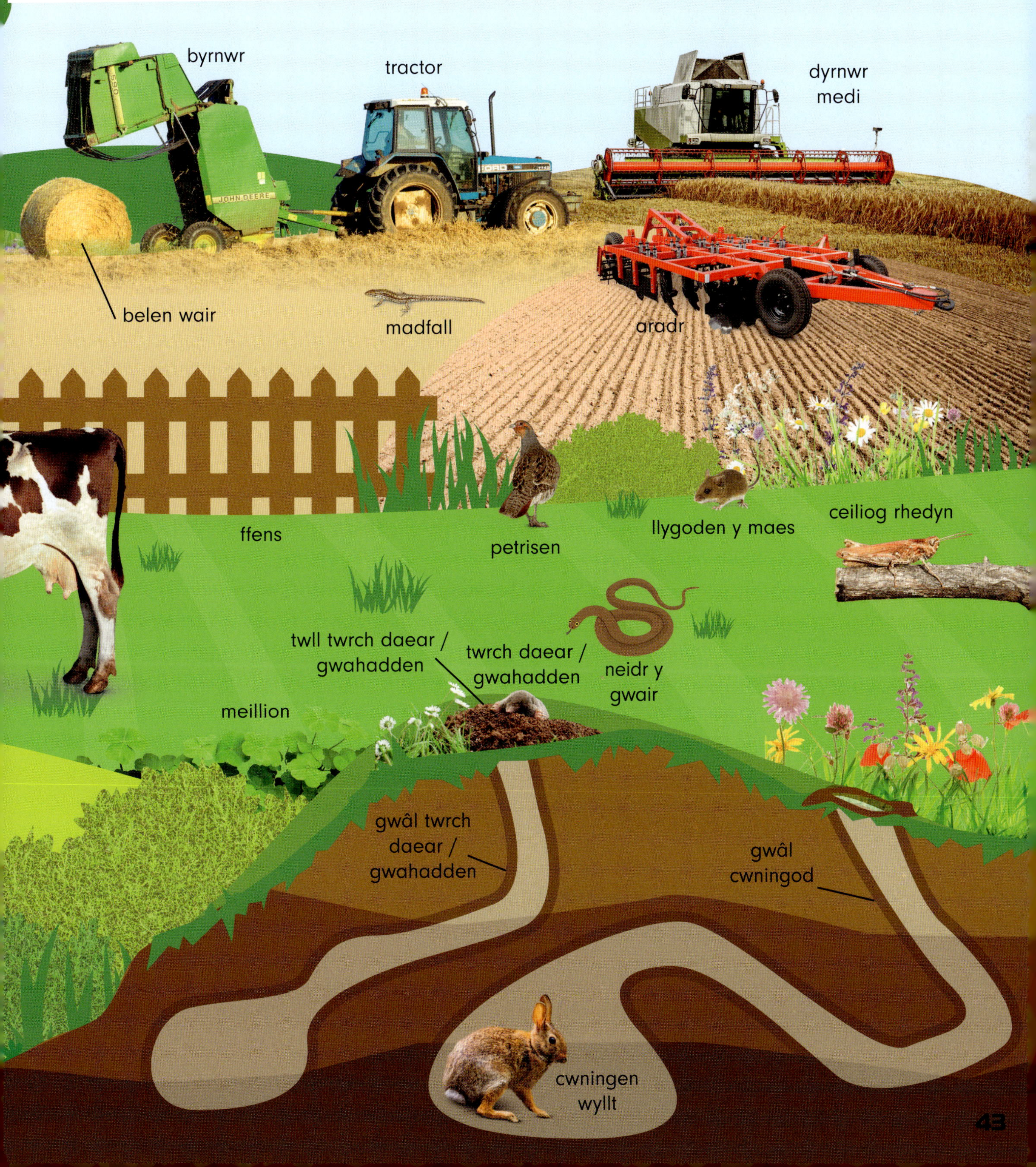

byrnwr

tractor

dyrnwr medi

belen wair

madfall

aradr

ffens

petrisen

llygoden y maes

ceiliog rhedyn

twll twrch daear / gwahadden

twrch daear / gwahadden

neidr y gwair

meillion

gwâl twrch daear / gwahadden

gwâl cwningod

cwningen wyllt

Coedwig a choetiroedd

Mae anifeiliaid yn dod o hyd i ddigon o fwyd mewn coetiroedd, yn ogystal â chael cysgod rhag y tywydd gwaethaf.

cragen concyr

deilen gastan

concyr

trydar

siff-siaff

gwiwer goch

hwtian

tylluan frech

isdyfiant

clychau glas

nyth aderyn

castanwydden

elain

siffrwd

rhedyn

gwas y neidr

pwll

malwoden ddŵr

rhiain y dŵr

ffau llwynog

llwynog

chwilen ryncorniog

Coedwig Ewropeaidd

Wyt ti'n gallu gweld carw bach?

Coedwig cochwydd Americanaidd

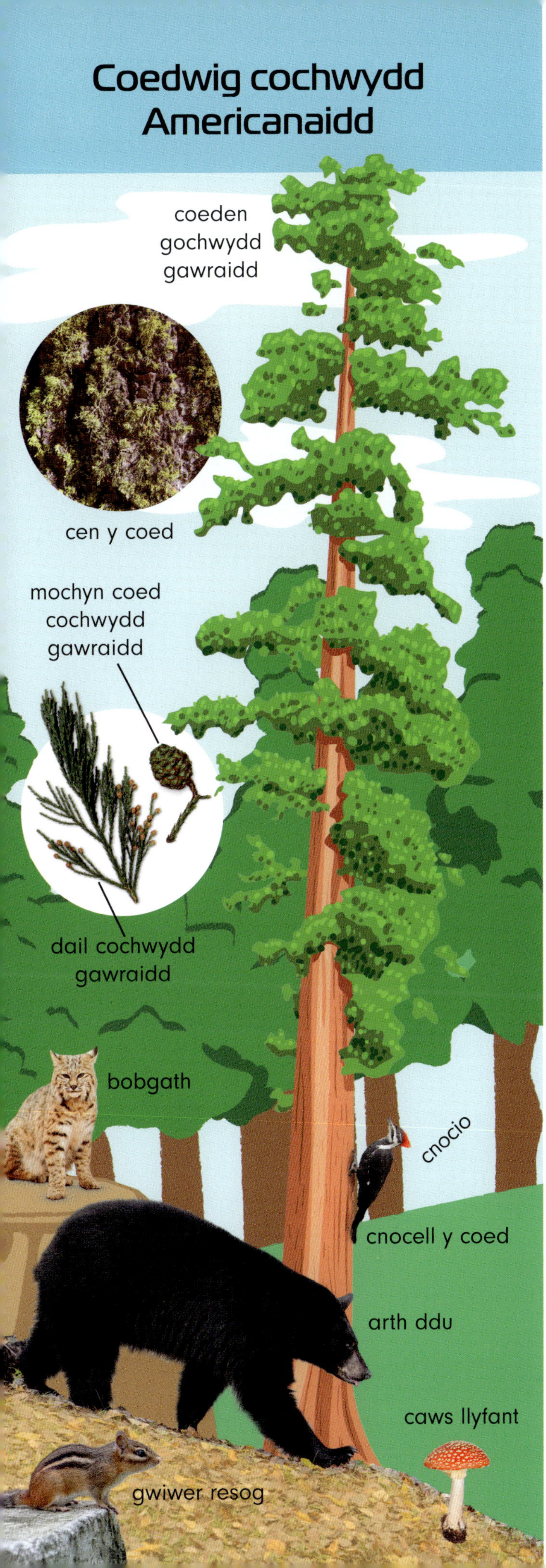

coeden gochwydd gawraidd

cen y coed

mochyn coed cochwydd gawraidd

dail cochwydd gawraidd

bobgath

cnocio

cnocell y coed

arth ddu

caws llyfant

gwiwer resog

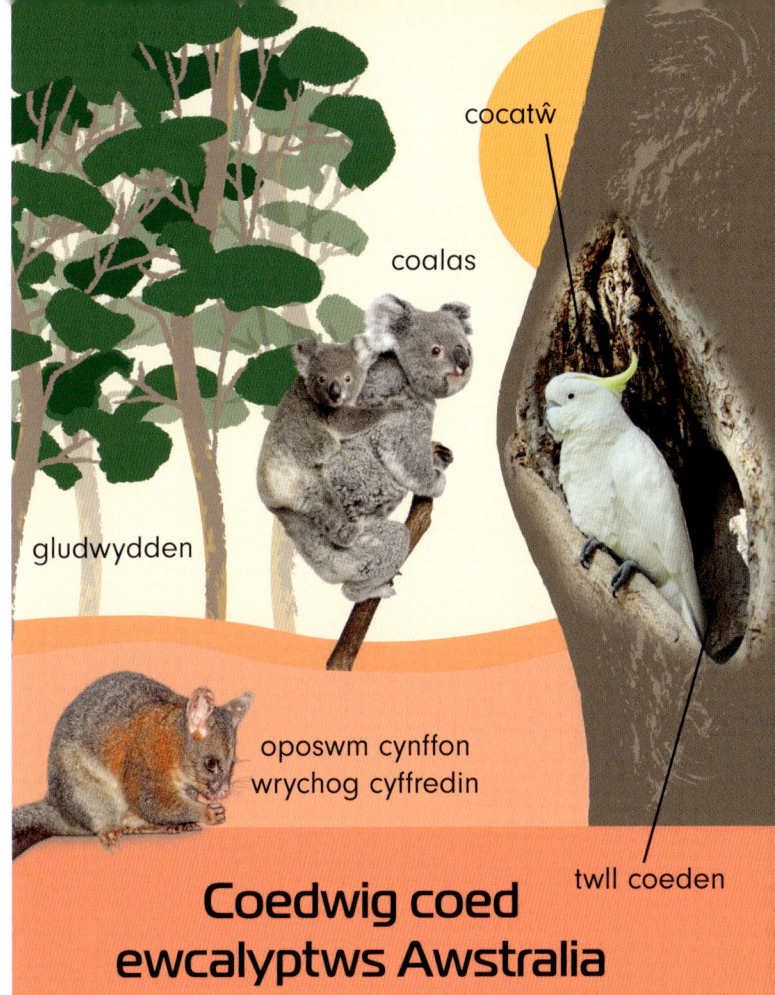

cocatŵ

coalas

gludwydden

oposwm cynffon wrychog cyffredin

twll coeden

Coedwig coed ewcalyptws Awstralia

bambŵ

blodau coeden eirin

panda

Coedwig bambŵ Chineaidd

45

Afonydd

Mae anifeiliaid yn byw
mewn afonydd, ar hyd eu
glannau ac ar y tir
gwastad ger afonydd, sef
y gorlifdiroedd.

helygen
wylofus

gwâl

glan yr afon

mwslygoden

pysgota

gŵydd Canada

llygoden y dŵr

gwalch y môr

dŵr croyw

samwn

iâr ddŵr

carp

cyrs

gwybedyn Mai

dyfrllys

crothell

cimwch yr afon

pen hwyad

cerrynt

rhaeadrau

canŵ

nofio awyr agored

Dere o hyd i'r creadur yn y dŵr
sydd â sgerbwd allanol.

alarch

hwyaden

crëyr

gwas y neidr

dyfrgi

afanc

corstir

Ymhle mae afon yn uno â'r môr?

y môr   aber   afon

cored

gorlifdiroedd

rhaeadr

47

Y môr a'r arfordir

Mae'r rhan helaethaf o arwyneb y Ddaear wedi'i orchuddio â dŵr. Dyna pam mae'n edrych yn las o'r gofod.

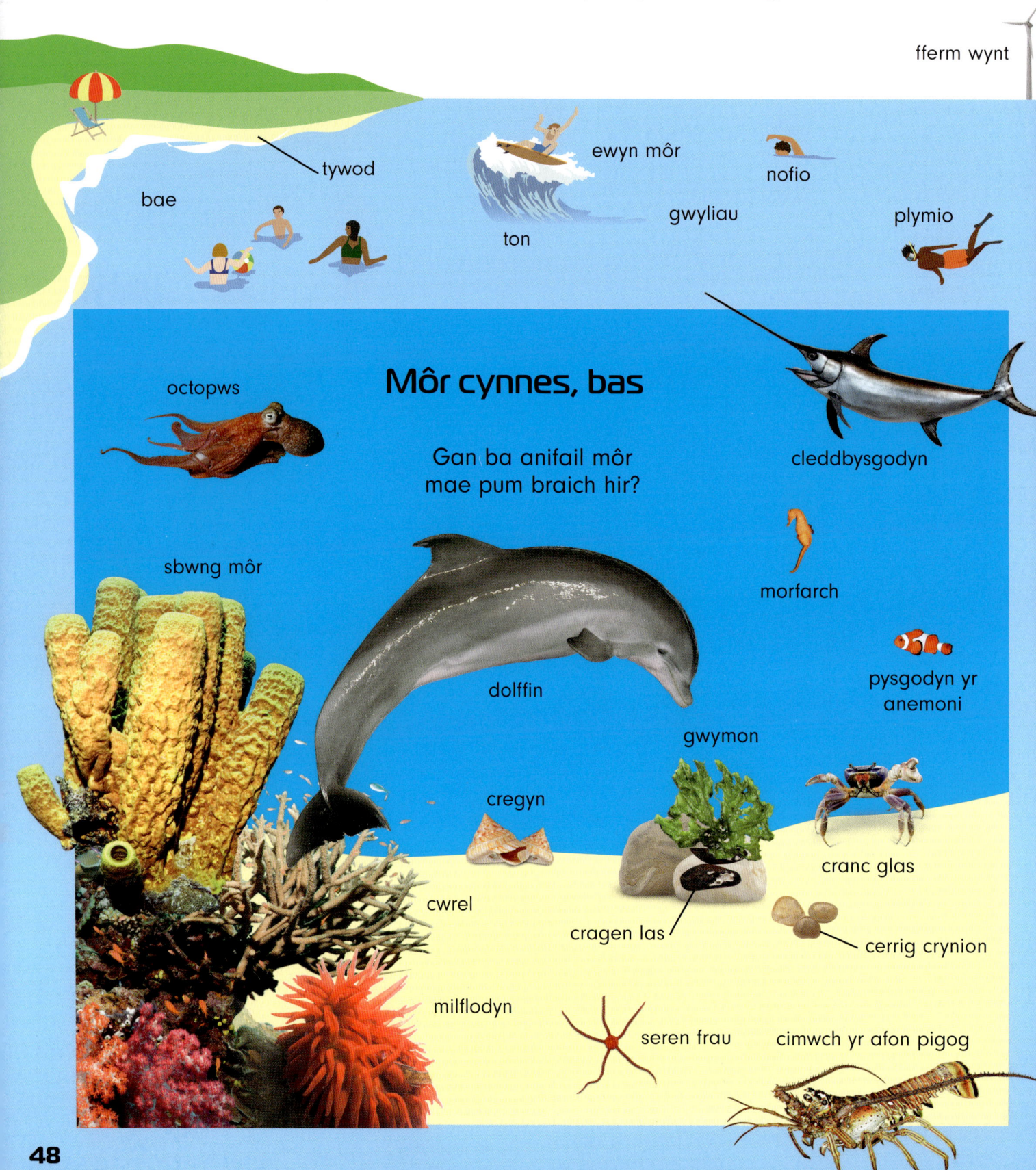

fferm wynt

bae

tywod

ewyn môr

nofio

ton

gwyliau

plymio

octopws

Môr cynnes, bas

Gan ba anifail môr mae pum braich hir?

cleddbysgodyn

sbwng môr

morfarch

pysgodyn yr anemoni

dolffin

gwymon

cregyn

cranc glas

cwrel

cragen las

cerrig crynion

milflodyn

seren frau

cimwch yr afon pigog

Beth weli di sy'n cynhyrchu trydan?

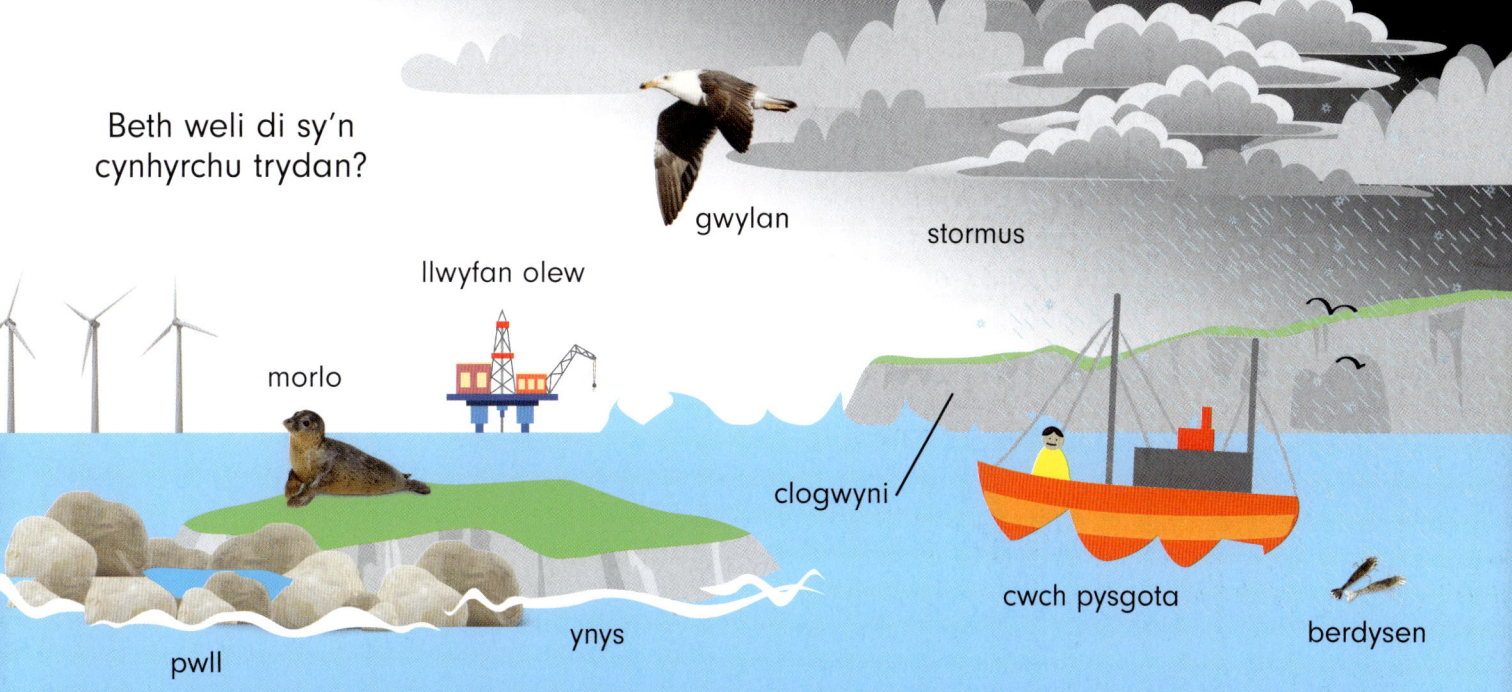

gwylan
stormus
llwyfan olew
morlo
clogwyni
cwch pysgota
berdysen
ynys
pwll

Dyfnderoedd y môr

NAUTILE
llong danddwr
môr-lyffant
isopod anferth
slefren mwng llew
tywyllwch
lleden Fair
môr-lawes gawraidd

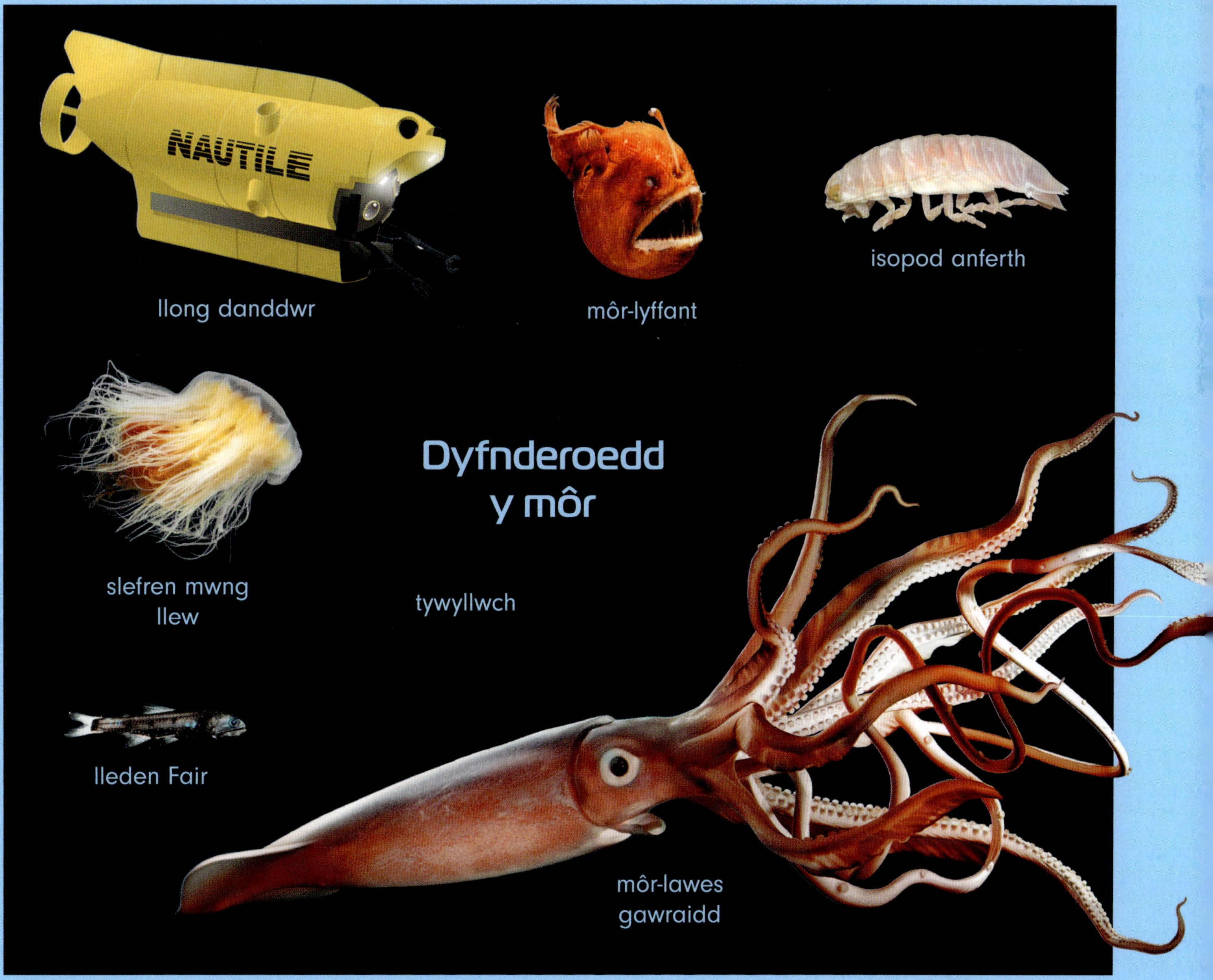

Fforestydd glaw

Mae llawer o rywogaethau anifeiliaid yn byw mewn fforestydd glaw, ac mae rhywogaethau eraill sydd heb eu darganfod eto. Dyma gipolwg ar beth sy'n byw yn fforest law yr Amazon yn Ne America.

i fyny fry

mwnci cycyllog

dringo

heulog

coeden gapoc

diogyn

hongian

udwr

ystlum fampir

Haen allddodol

hedfan

macaw

boa coeden

ehedu

eryr cribog mawr

pili-pala glas y fforest law

twcan

igwana gwyrdd

50

Pa fath o synau wyt ti'n debygol o'u clywed mewn fforest law?

broga'r coed llygatgoch

llaith

bananas

coeden goco

Canopi

gwenynen tegeirian

gem-chwilen

tegeirian

coden goco

jagwar

maethlon

ffyngau

pydredd

gwreiddiau sefydlog

Tangoed

neidr gantroed gawraidd

sgorpion

armadilo

chwilen frith

morgrugysor cawraidd

malwoden ddŵr croyw gawraidd

morgrugyn deildorrol

Llawr y fforest

Safanau

Tir glaswelltog gwastad lle does braidd dim coed yn tyfu ydi safana. Ceir tanau gwyllt yn aml, ond mae planhigion yn aildyfu. Mae rhai o'r safanau mwyaf yn Affrica, De America ac Awstralia.

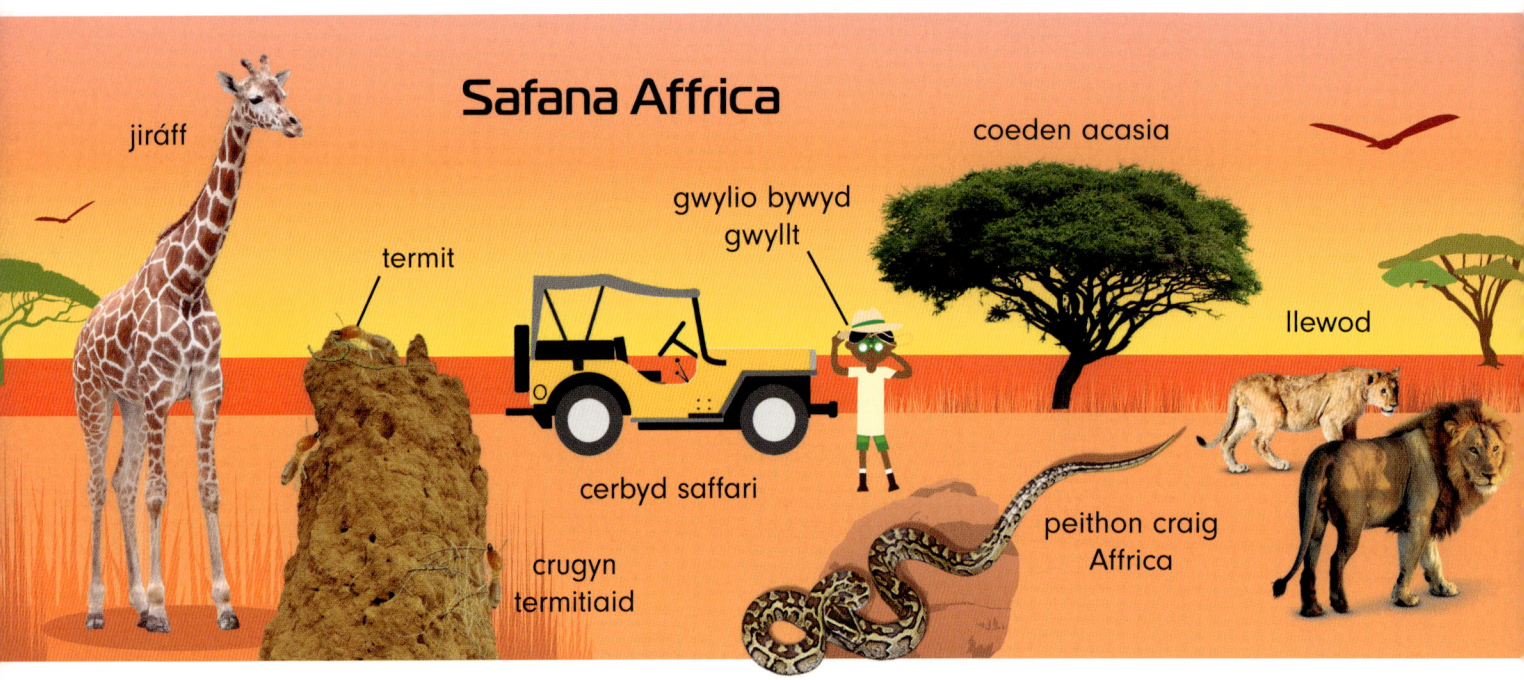

Safana Affrica

jiráff

termit

gwylio bywyd gwyllt

coeden acasia

llewod

cerbyd saffari

crugyn termitiaid

peithon craig Affrica

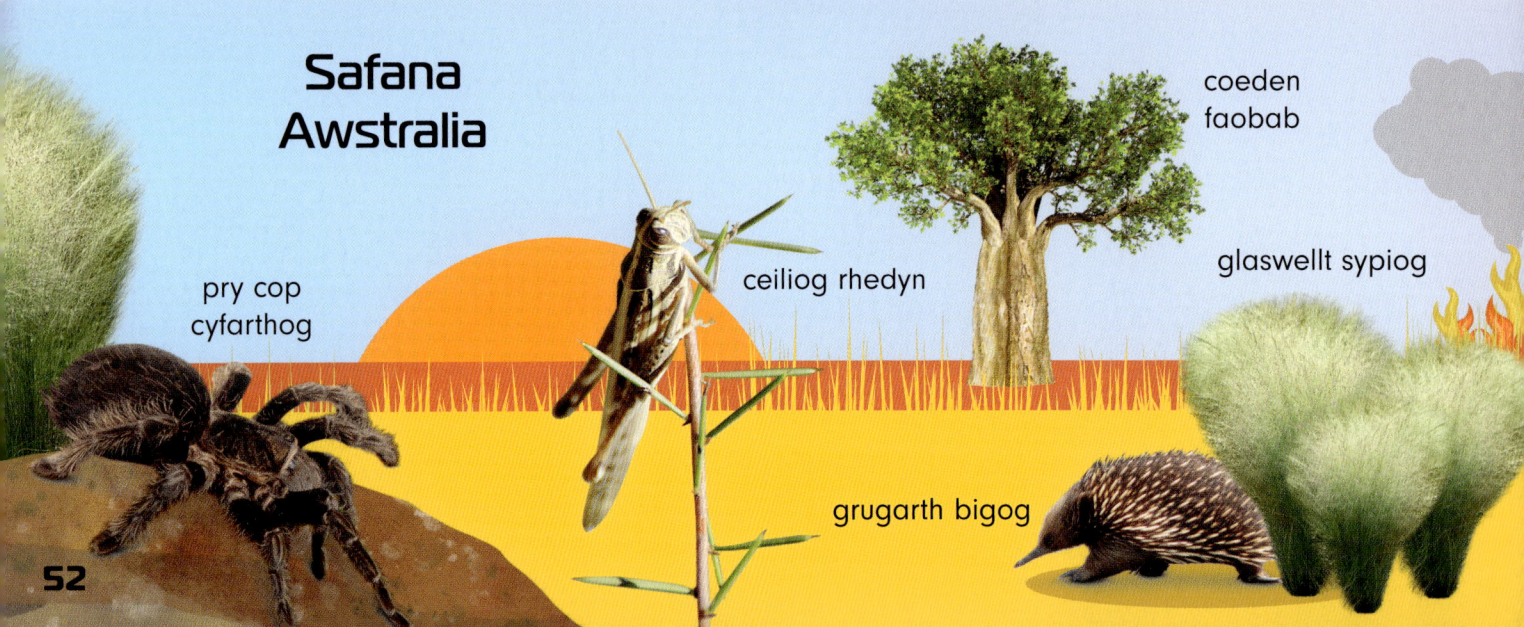

Safana Awstralia

coeden faobab

pry cop cyfarthog

ceiliog rhedyn

glaswellt sypiog

grugarth bigog

Safana De America

peithwellt

rhea

mochyn cwta

llwynog y paith

piwma

olion pawennau

Gan ba famaliad mawr mae trwyn hir iawn?

tom eliffant

impala

sebras

eliffant Affrica

grugarth

pwll dŵr

tân gwyllt

coeden bandan

eucalyptws

cangarŵ

chwilbaw

madfall dagellog

oposwm

bandicŵt

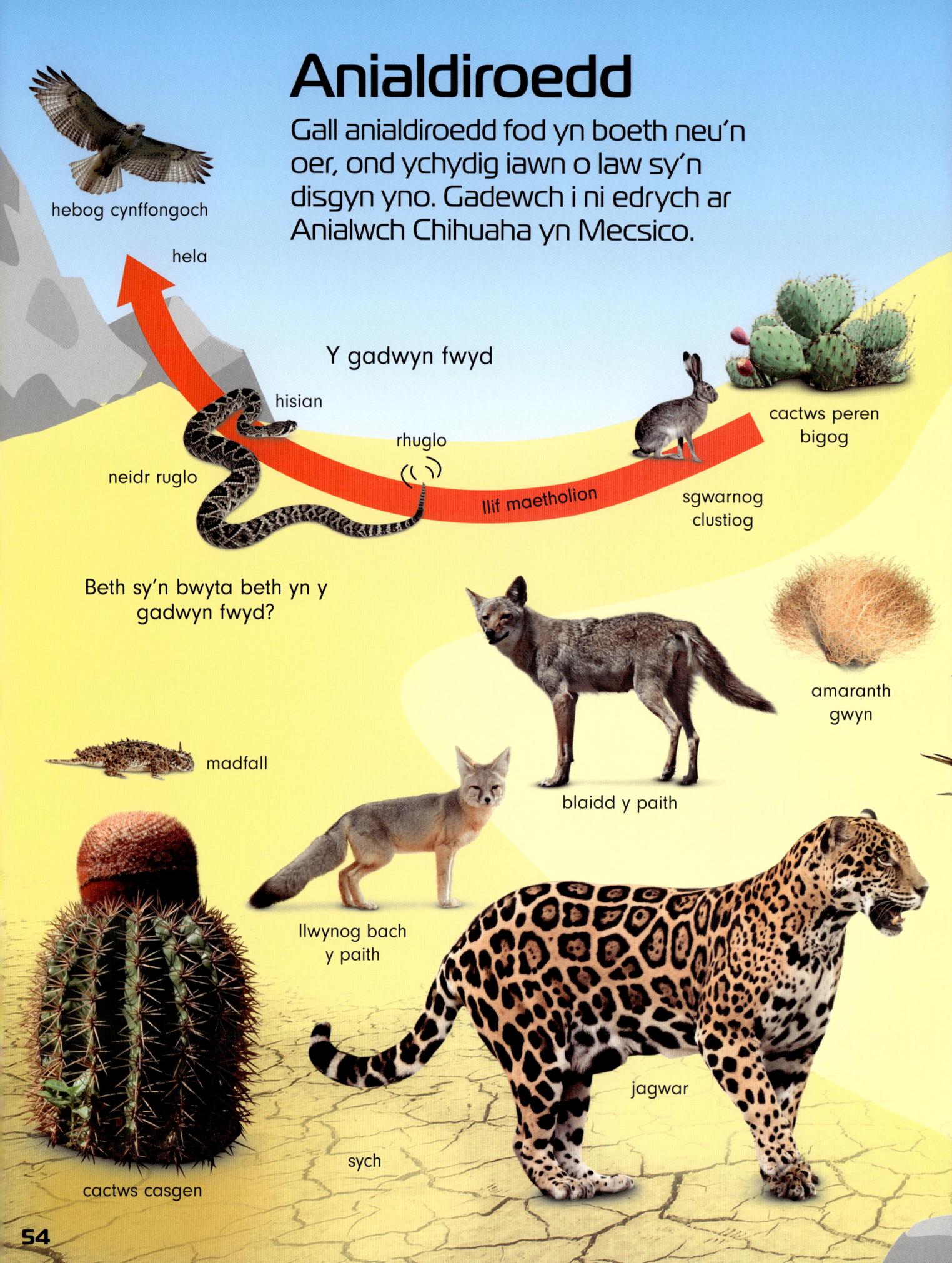

Anialdiroedd

Gall anialdiroedd fod yn boeth neu'n oer, ond ychydig iawn o law sy'n disgyn yno. Gadewch i ni edrych ar Anialwch Chihuaha yn Mecsico.

hebog cynffongoch

hela

Y gadwyn fwyd

hisian

neidr ruglo

rhuglo

llif maetholion

cactws peren bigog

sgwarnog clustiog

Beth sy'n bwyta beth yn y gadwyn fwyd?

madfall

amaranth gwyn

blaidd y paith

llwynog bach y paith

cactws casgen

sych

jagwar

twyni tywod

poeth

yr haul

crin

eryr euraid

ceiliog rhedyn

storm luwch

sgorpion

dafad hirgorn

tywod

cactws sagwaro

Dere o hyd i dri aderyn
a dau ymlusgiad.

coeden
Josua

rhedwr ceiliog

bobgath

llyfant brithgoch

iwca

pren alwys

morgrug yr
anialwch

cysgod

tarantwla

55

Mynyddoedd

Tiroedd goruchel o bridd a chraig ydi mynyddoedd. Uchaf i gyd yr ewch chi, oeraf i gyd fydd hi, felly mae eira ar gopa mynyddoedd yn aml iawn.

eryr euraid

eira

oer

yr awyr

bele'r coed

gafr fynydd

craig

cerdded

godre mynydd

lyncs

esgidiau cerdded

blaidd

gwiwer goch

carw Llychlyn

ogof

cenau arth

Ymhle gallai'r fam arth wneud eu gwâl?

arth frown

cwmwl

copa

plu eira

hebog tramor

polion sgio

sgio

rhewedig

dringwr

sgïwr

rhaff

mynydd

pabell

gwersylla

seiclwyr

beic

llwybr

rhaeadr

glöynnod y llaethlys

twrlla

pysgod

pwll plymio

creigiau

Yr Arctig a'r Antarctig

Mae anifeiliaid a phlanhigion rhyfeddol wedi addasu i oroesi yng nghynefinoedd pegynol rhewllyd yr Arctig a'r Antarctig.

Mae'r bywyd gwyllt yn wahanol yn y ddau le. Ydi pengwiniaid yn byw yn yr Arctig neu'r Antarctig?

Yr Arctig

gwair cotwm yr Arctig

llusen fawr

helygen lwyd-ddail

cen y ceirw

tylluan yr eira

walrws

môr-wennol y Gogledd

traethlin greigiog

llwynog y Gogledd

leming

carw Llychlyn

sgwarnog y Gogledd

arth wen

morfil gwyn

morlo'r delyn

iâ rhewedig

môr-ungorn

Yr Antarctig

copa

mynydd

goleuni'r pegwn

brigwellt yr Antarctig

corwlyddyn yr Antarctig

eira

cwm

albatros crwydrol

aderyn drycin yr eira

anialwch pegynol

mynydd iâ

morfil

pengwin yr Antarctig

cril

morlo llewpard

morlo Weddell

Dere o hyd i dri mamaliad sy'n byw yn yr Antarctig.

pengwin ymerodrol

seren fôr

pengwin jentŵ

Gwarchod byd natur

Dylen ni ofalu am ein byd.
Mae'r penderfyniadau rydyn ni'n eu gwneud
yn gallu niweidio neu warchod byd natur.

Pa bethau ar y tudalennau hyn sy'n helpu i amddiffyn byd natur?

Ein hanifeiliaid

gwarchodfa bywyd gwyllt

tîm atal potsio

cadwraeth

ailgyflwyno

gofalgar

gwylan

mewn perygl

barcutiaid

rhinoseros du
Gorllewin Affrica

diflanedig

cynllun lluosogi sw

Ein dulliau ffermio

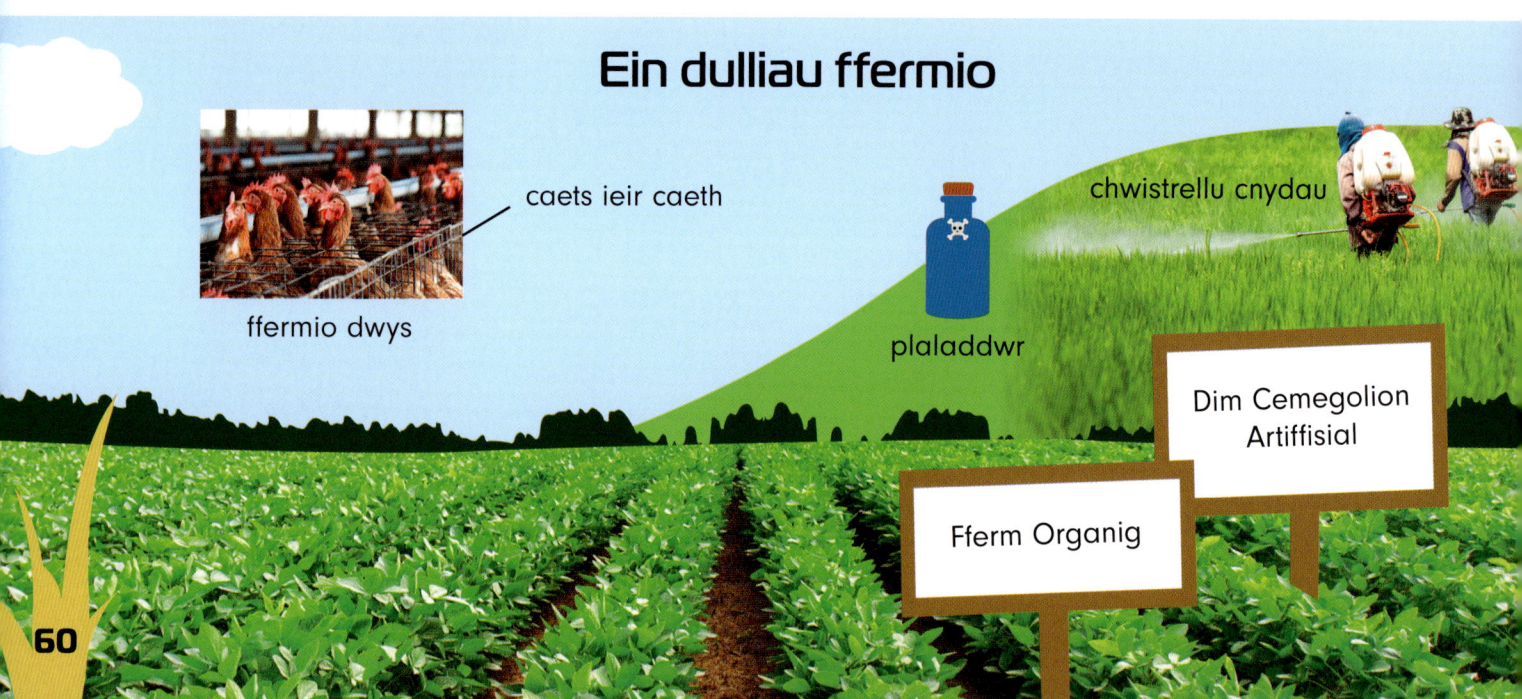

caets ieir caeth

chwistrellu cnydau

ffermio dwys

plaladdwr

Dim Cemegolion
Artiffisial

Fferm Organig

Yr aer

mwrllwch

seiclo

llygredd yr aer

rhannu car

bws trydan

car petrol

car trydan

cerdded

Ein coed

datgoedwigo

ailgoedwigo

Ein hinsawdd

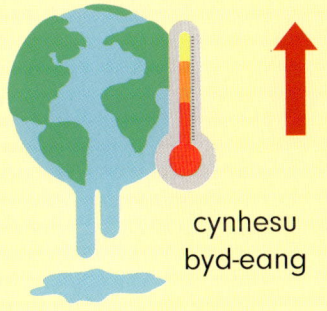

cynhesu
byd-eang

tanau gwyllt

llifogydd

y capanau iâ pegynol
yn toddi

Arbed
Ailddefnyddio
Ailgylchu

Allwn ni wneud rhywbeth i
helpu byd natur heddiw?

Ein moroedd

sbwriel yn y môr

glanhau

61

Gweithio ym maes byd natur

Mae nifer fawr o swyddi ym maes byd natur,
gan gynnwys swyddi lle gallwch chi helpu gwarchod
y blaned a'r rhywogaethau sy'n byw arni.

gwyddonydd ansawdd
yr aer:
gwirio llygredd yr aer

ffermwyr

daearegydd: astudio
creigiau'r Ddaear

coedwigydd: gofalu
am goedwigoedd

swolegydd:
astudio anifeiliaid

entomolegydd:
astudio trychfilod

gwyddonydd
amgylcheddol:
astudio'r amgylchedd

botanegydd:
astudio planhigion

garddwyr

meddyg coed

gofalydd sw

biolegydd môr: astudio
bywyd y moroedd

milfeddyg

gweithredwyr amgylcheddol:
cefnogi gwarchod yr
amgylchedd

rheolydd
digwyddiadau amgueddfa
astudiaethau natur

ecolegydd: astudio
pethau byw a'u
hamgylchfyd

glanhawyr y stryd

awdur ar fywyd gwyllt

ffotograffydd bywyd
gwyllt

ceidwad pysgoty:
rheoli pysgoty

ceidwad cefn gwlad:
gofalu am gefn gwlad

tywysydd saffari

cyflwynydd
bywyd gwyllt

peiriannydd amgylcheddol:
dylunio cynlluniau ar gyfer
yr amgylchedd

gweithwyr achub
anifeiliaid

seismolegydd: astudio
daeargrynfeydd

Pa swydd hoffet ti ei
gwneud?

Cydnabyddiaethau

Hoffai'r cyhoeddwyr ddiolch i: Victoria Palastanga ac Eleanor Bates am y dylunio ychwanegol; Jagtar Singh am waith dylunio DTP ychwanegol; Adhithi Priya, Sakshi Saluja, Rituraj Singh, Sumheda Chapra a Vagisha Pushp am waith ymchwil lluniau atodol ac i Polly Goodman am brawfddarllen y testun gwreiddiol.

Hoffai'r cyhoeddwyr ddiolch i'r isod am eu caniatâd caredig i atgynhyrchu eu ffotograffau:

(Allwedd: a=uchod; b=isod/gwaelod; c=canol; f=pell; l=chwith; r=dde; t=top)

1 123RF.com: Liubov Shirokova (clb). **Dreamstime.com:** Marc Bruxelle (cra); Isselee (tc); Vvoevale (tl); Yinan Zhang (cl); Svetlana Larina / Blair_witch (fclb); Nejron (cb); Sabelskaya (br). **2 Dorling Kindersley:** Tom Grey (cla); Natural History Museum, London (tr). **Getty Images / iStock:** photo5963 (clb). **3 123RF.com:** isselee / Eric Isselee (bc); Prapan Ngawkeaw (cb/road); jackf / Iakov Filimonov (bl/wolf). **Dreamstime.com:** Iakov Filimonov (clb/goat); Phartisan (rock x3); Jpsdk / Jens Stolt (butterflies x 3); Yotrak (cb/tent); Jackf / Iakov Filimonov (bc/reindeer); Nelikz (bl/squirrel). **Shutterstock.com:** Aleksandr Pobedimskiy (clb/sandstone). **6–7 Dreamstime.com:** Gritsalak Karalak (c). **6 Dreamstime.com:** Astrofireball (c). **7 Dorling Kindersley:** Dan Crisp (ca); Natural History Museum, London (crb); James Kuether (cb); Jon Hughes (bc). **Dreamstime.com:** Nicolas Fernandez (c); Markus Gann / Magann (tr).
8 123RF.com: algre (crb). **Dreamstime.com:** Costasz (bc); Tomasz Śmigla (bc/cups); Vchalup (br); Rui Matos / Rolmat (cra); Rob Wilson / Robwilson39 (cr). **9 123RF.com:** julynx (tl); Martin Spurny (cla); Natthawut Panyosaeng / aopsan (ca). **Alamy Stock Photo:** Mouse in the House (bl). **Dreamstime.com:** Sergey Dzyuba (cr); Elena Kazanskaya (cla/bin); Tele52 (cra); Radha Karuppannan / Radhuvenki (clb/x2); Stockphototrends (bc). **Getty Images / iStock:** DigitalVision Vectors / bubaone (cl); photo5963 (c); youngID (ftl); pterwort (br). **10 123RF.com:** Inna Astakhova (crb); tempusfugit (bc); nerthuz (cb). **Dorling Kindersley:** Tracy Morgan (cb/dog). **Dreamstime.com:** Melanie Hobson (ca/landscape); Nexus7 (t); Isselee (cl); Theo Malings (clb); Eric Isselee (cr). **11 123RF.com:** Aaron Amat (clb/x3); Dmitry Rukhlenko / dimol (fcra). **Alamy Stock Photo:** Justin Kase z12z (fbl). **Dreamstime.com:** Billy Ber (tr); Narathip Ruksa / Narathip12 (ftr); Cammeraydave (cb); Cynoclub (bc); Jeroen Van Den Broek / Vandenbroek29 (bc/GuideDog); PhotoChur (br); Zbynek Burival / Merial (fbr). **Fotolia:** Eric Isselee (bl); Norman Pogson (ca).
Getty Images / iStock: Mac99 (cra); pifate (crb). **12 123RF.com:** fireflamenco (x3). **Dreamstime.com:** Catalin205 (clb, crb); Vectorikart (cra); Stockoxinoxi (ca); Thomas Holt (cl); Macrovector (clb/net); Photka (br). **13 Dreamstime.com:** Akinshin (tr); Vectorikart (cla); Andreanita (tr/bear); Miramisska (cra); Pavel Rodimov (c/stargazing); Kotenko (c); Gerald Zaffuts (c/storytelling); Christinlola (cr); Sabelskaya (clb); Kellyrichardsonfl (bl); Pavel Naumov (cb/x4); Sergiy Bykhunenko (br); Macrovector (ca). **14 Dreamstime.com:** Andreiuc88 (cb); Antares614 (c); Nehru (br). **15 123RF.com:** Rune Kristoffersen (cla). **Dreamstime.com:** Mihai Andritoiu (cb); Mishoo (tl); Artisticco Llc (tr).
16 123RF.com: justoomm (bc); Kitsadakron Pongha (cra); nasaimages (c/cyclone). **Alamy Stock Photo:** Mike Hill (c). **Dreamstime.com:** Arevhamb (bl); Andrey Armyagov (cla); Hulv850627 (cl); Justin Hobson (cr); Trekandshoot (clb); Thescv (cb); Elantsev (crb); Ruthchoi (br). **17 123RF.com:** alicenerr (c). **Alamy Stock Photo:** SPUTNIK (cra). **Dreamstime.com:** Giuseppe Di Paolo (ca); Siempreverde22 (cla); Dmitry Pichugin / Dmitryp (ca/Everest); Valore (cl); Unissunil (c/Mawsynram); Jon Chica Parada (cr). **Getty Images:** Daniel Osterkamp (bc). **Getty Images / iStock:** Jorge Villalba (bl). **18 123RF.com:** Ruth Jenkinson / stevanzz (bl); Andrzej Tokarski / ajt (tc); Przemyslaw Koch (fclb).
Dorling Kindersley: Liberty's Owl, Raptor and Reptile Centre, Hampshire, UK (crb); Thomas Palmer (cb). **Dreamstime.com:** Digitalimagined (clb/liverwort); Anna Sedneva / Sedneva (clb/grass); Vitalssss (c); Sarah2 (crb/tick); Ildar Galeev (bc). **Fotolia:** Karl Bolf (fcrb). **Getty Images / iStock:** Antagain (clb). **19 123RF.com:** smileus (tc); Pavlo Vakhrushev / vapi (cla); Ten Theeralerttham / rawangtak (cl); Thawat Tanhai (bl). **Dreamstime.com:** Conchasdiver (clb); Lgor Dolgov / Id1974 (tr); Ronniechua (c); Kotomiti_okuma (cb); Kazoka (cr). **20 Dreamstime.com:** Cherdchai Chaivimol (cb/bud); Vaclav Volrab (cla); Kaiwut Niponkaew (ca); Tomboy2290 (cra/Basil); Natali572 (cra); Ppy2010ha (clb); Dewins (bc); Lepas (bl); Oleg Dudko (fbl); Bogdan Lazar (cb); Songyuth Unkong (crb); Mikhail Dudarev (br). **21 123RF.com:** Anna Liebiedieva / utima (cl); olegdudko (c/Kiwi). **Dorling Kindersley:** Neil Fletcher (cra). **Dreamstime.com:** Anton Ignatenco (c); Zerbor (cla); David Ridley (ftl); Paul Rookes (tl); Zerbor (fcla); Natika (clb); Elena Schweitzer / Egal (cb); Roman Ivaschenko (bl); Roman Ivaschenko (bl/seaweed); Vetre Antanaviciute-meskauskiene (bc). **Getty Images / iStock:** DNY59 (fcra). **Shutterstock.com:** Daydreamr Digital Studio (tr). **22 Dorling Kindersley:** Centre for Wildlife Gardening / London Wildlife Trust (ca). **Dreamstime.com:** Marc Bruxelle (cl); Vvoevale (cla); Pipa100 (clb); Dreamstock (cb); Filmfoto (bl); Anatoliy Mandrichenko (bc). **22–23 Dreamstime.com:** Andreykuzmin (b); Zerbor (c). **23 Dreamstime.com:** Denira777 (cra); Anton Ignatenco (tr); Ievgenii Tryfonov (bc); Setory (br); Majormetts (crb); Zorica Vitanovic (ca). **24 Dreamstime.com:** Domnitsky (ca); Md. Rakibul Hassan (sunflower life cycle); Ilonai (tr). **25 Dreamstime.com:** Elena Elisseeva (cr); Nadiia Havryliuk Kharzhevska (bl/mushroom cycle); Luayana (tl/apple tree life cycle); Angelo Gilardelli (tr); Lenazajchikova (crb); Pavel Rodimov (br); Wirestock (clb); Thawats (cla). **26 123RF.com:** Aleksandr Ermolaev (cr). **Dreamstime.com:** Anankkml (bc); Photodeti (ca); Wirestock (br). **Fotolia:** Mark Higgins (fbr). **Getty Images / iStock:** LUNAMARINA (bl). **27 Alamy Stock Photo:** SConcepts (bl). **Dreamstime.com:** Jason W. Baker (tl); Isselee (cra); Svetlana Larina / Blair_witch (ftl); Pimmimemom (tc); Stevenrussellsmithphotos (ca, fcla); Vasiliy Vishnevskiy (cl); Isselee (cr); Cinnamongirl (crb). **Science Photo Library:** Claude Nuridsany & Marie Perennou (tr). **Shutterstock.com:** Lamnoi Manas (cb). **28 123RF.com:** Anna Utekhina (bc). **Dreamstime.com:** Accept001 (c); Isselee (bc/dalmatian); Judith Dzierzawa (br); Alexander Potapov (clb); Isselee (clb/sheep); Alexander Potapov (cra); Isselee (cra/cow); Tristana / Kseniya Abramova (ca); Isselee (cla).
Fotolia: Anatolii (cb); Olena Pantiukh (crb). **Getty Images:** mikroman6 (bl). **29 123RF.com:** Cathy Keifer (tc); smileus (tr). **Alamy Stock Photo:** Lee Dalton (clb). **Dorling Kindersley:** British Wildlife Centre, Surrey, UK (cla). **Dreamstime.com:** Linda Caldwell (bl); Toby Gibson (bc); Dizzizmee (ca); Paul Farnfield (fcla); Steve Oehlenschlager (tl); Brett Hondow (tc/wolf spider). **Fotolia:** Eric Isselee (c). **Getty Images:** Photodisc / Don Farrall (ftl).
30 123RF.com: Visarute Angkatavanich (br). **Dreamstime.com:** Adogslifephoto (cla); Sutisa Kangvansap (bc); Prin Pattawaro (bl); Graeme Snow (crb); Billybruce2000 (cb); Marcin Wojciechowski (cr); Joanna Zopoth Lipiejko (c); Sonsedskaya (cl); Isselee (cra); Gianluca Piccin (ca). **Getty Images / iStock:** RAUSINPHOTO (clb). **31 Dreamstime.com:** Mira Agron (fcl); Sebastian Kaulitzki (br); Pavel Trankov (bc); Steve Allen (bl); Isselee (crb); Isselee (cb); Isselee (clb); Gualberto Becerra (cr); Marco Tomasini (cl); Duncan Noakes (fcra); Wrangel (cra); Melinda Fawver (ca); Svetlana Foote (cla); Dirk Ercken (fcla); Jacoba Susanna Maria Swanepoel (ftr); Wildlife World (tr); Jagodka (tc); Alexandercreator (tl); Reimarg (ftl). **32 123RF.com:** ksena32 / Oksana Tkachuk (cra/chamomile). **Alamy Stock Photo:** Jason Bazzano (br); mauritius images GmbH / Kurt Madersbacher (crb). **Dreamstime.com:** Andreanita (cra); Jose Manuel Gelpi Diaz (cra/vulture); Valentyna Chukhlyebova (ca, cr); Hwongcc (cla, c); Golfxx (cb); Marazem (bc); Dmitry Potashkin (bl); Pop Nukoonrat (sky). **33 Dreamstime.com:** Kharis Agustiar (cr); Jocrebbin (bc); Zedcreations / SACHITH (webs x2); Geerati (cra); Duncan Noakes (cla). **Getty Images:** The Image Bank / Joe McDonald (bl). **Getty Images / iStock:** Parrotstarr (clb); superjoseph (ca); pixhook (ca/bamboo). **34 123RF.com:** Isselee Eric Philippe (c). **Alamy Stock Photo:** Arterra Picture Library / Clement Philippe (br). **Dreamstime.com:** Callipso88 (cr); Vasyl Helevachuk (clb); Dizm (cb); Isselee (crb); Wildlife World (ca); Corey A Ford (cla). **Getty Images:** Photodisc / Don Farrall (bc). **Shutterstock.com:** A.Mac.Photo (cl). **35 123RF.com:** John McAllister (cl); utima (ca). **Alamy Stock Photo:** Bill Coster (c); Pally (br); Les Gibbon (bl). **Dreamstime.com:** Angel Luis Simon Martin (crb); Sergeyoch (clb). **Getty Images:** Hearst Newspapers / San Francisco Chronicle (cra). **Getty Images / iStock:** LuckyTD (tc). **36 123RF.com:** swavo (br); Andrzej Tokarski / ajt (c). **Dorling Kindersley:** Natural History Museum, London (cr). **Dreamstime.com:** Isselee (clb); Alexander Konoplyov (br/bacteria); Stu Porter (cra); Mrrphotography (tl). **Getty Images / iStock:** bbevren (b). **37 123RF.com:** Eric Isselee (crb). Ardea: ar / Science Source / Tom McHugh (cl).
Dorling Kindersley: Natural History Museum, London (c); Jerry Young (bl); Wildlife Heritage Foundation, Kent, UK (tl). **Dreamstime.com:** Isselee (clb); Jblackstock / Justin Black (cb); Yves Sautter (c/octopus). **38 123RF.com:** Eric Isselee (crb). **Dreamstime.com:** Nchuprin / Andrey Sukhachev (crb/bacteria); Angelique Nijssen (bl); Thatsaphon Saengnarongrat (tr). **38–39 Dreamstime.com:** Andreykuzmin (soil); Smishko (sand texture). **39 123RF.com:** Sayompu Chamnankit (bc/footprints). **Alamy Stock Photo:** Rosanne Tackaberry (br). **Dorling Kindersley. Dreamstime.com:** Andreykuzmin (b); Dijarm (br/graph); Kosmos111 (crb); Сергей Кучугурный (bl); Tamara Kulikova (cb); Hommalai (tc); Dave Nelson (ca); Thanthip Homsansri (cla); Lcrms7 (c); Sripfoto (cl); Typsiaod (clb). **Shutterstock.com:** Mikkola (cr). **40 123RF.com:** alekss / Alexandr Pakhnyushchyy (bl); Anatolii Tsekhmister (cra).
Alamy Stock Photo: Don Despain (clb). **Dorling Kindersley. Dreamstime.com:** Chernetskaya (fcrb); Uros Petrovic (br); Pzaxe (bc); Loren File (crb); Ivonne Wierink (fcrb/pots); Jgade (cla). **Shutterstock.com:** Artiste2d3d (fcra).
41 Dreamstime.com: Nikolay Antonov (clb/worm); Kristof Lauwers (br); Pimmimemom (crb); Aleksandr Volkov (clb); Fibobjects (cb); Luceluceluce (clb/soil); Atlasfotoreception (crb/gloves); Boulanger Sandrine (cr); Bundit Minramun (cla); Sergiy1975 (cla/lawn mower). **42–43 Dreamstime.com:** Miriam Doerr (flower x3); Eugenesergeev (grass); Miriam Doerr (wild flowers x3); Supertrooper (c). **42 123RF.com:** peterwaters (clb/bee). **Alamy Stock Photo:** Life on white (cla/horse). **Dorling Kindersley:** Mark Hamblin (cra). **Dreamstime.com:** Animaflora (cb); Tazzymoto (ca); Brett Critchley (cla); Isselee (c); Dzmitry Shpak (fcrb); Inna Kyselova (crb); Nipaporn Panyacharoen (cb/barley); Thawats (bc). **Shutterstock.com:** Volosina (clb). **43 Alamy Stock Photo:** Islandstock (cla). **Dorling Kindersley:** Twan Leenders (cb/snake). **Dreamstime.com:** Tony Bosse (tr); Mickem (bc); Tchara (cb); Chuyu (clb); Sandra Standbridge (crb); Isselee (c); Romica (cra); Palians (cra/harvester); Mariya Kondratyeva (cra/land). **44 123RF.com:** Eric Isselee (c). **Alamy Stock Photo:** Imagebroker / Arco / J. Fieber (bl). **Dorling Kindersley:** Roger Tidman (cl). **Dreamstime.com:** ActiveLines; Macrovector (clb); Isselee (crb); Stephanie Frey (cr); Zerbor (r); Atman (tc); Mille19 (clb/owl). **Getty Images / iStock:** MarkMirror (cb). **45 123RF.com:** Eric Isselee (cra/koala). **Dreamstime.com:** Karen Black (cra); Alexander Potapov (bc); Susan Sheldon (bl); Geoffrey Kuchera (bl/bear); Donyanedomam (clb); Lunamarina (cla); David Steele (ca). **Getty Images / iStock:** GlobalP (cb). **Shutterstock.com:** aphotostory (crb). **46–47 Dreamstime.com:** David Watson (bc). **Shutterstock.com:** xpixel (cane x5). 46 123RF.com: Stanko Mravljak (crb/mayfly). **Dorling Kindersley. Dreamstime.com:** G3miller / Gordon Miller (cr); Zerbor (tr); Eduard Kyslynskyy (ca); Dennis Jacobsen (c); Kevin Wells (cb); Photophreak (crb); Roman Ivaschenko (bl). **Shutterstock.com:** Igor Podgorny (cla). **47 123RF.com:** Stefan Holm (clb/dragonfly); NewAge (cl). **Dorling Kindersley:** Roger Tidman (c). **Dreamstime.com:** Natalya Aksenova (ca); Sova004 (br); Ilyas Kalimullin (crb); Kobchaima (cra); Wirestock (tr); Jnjhuz (clb); Zeytun Images (cb). **48–49 Getty Images / iStock:** photo5963 (ca). **48 Alamy Stock Photo:** Doug Perrine (cr); SBS Eclectic Images (cb); Carsten Reisinger (crb); WaterFrame_dpr (clb). **Dorling Kindersley:** Natural History Museum, London (bl); Linda Pitkin (cl). **Dreamstime.com:** Kevin Panizza (fclb); Pipa100 (cb/lettuce); Harvey Stowe (cra). **Fotolia:** uwimages (crb/anemonefish). **49 123RF.com:** feathercollector (cr). **Alamy Stock Photo:** Minden Pictures / Norbert Wu (c). **Dorling Kindersley:** Tom Grey (tc). **Dreamstime.com:** Robertlasalle (clb). **naturepl.com:** Solvin Zankl (clb/lanternfish). **50–51 Dreamstime.com:** Surachet Khamsuk. **50 123RF.com:** Hal Brindley (tc); Hal Brindley (fcra). **Alamy Stock Photo:** Ivan Kuzmin (tr); Nature Picture Library / MYN / Andrew Snyder (crb); Nature Picture Library / Nick Garbutt (cb/eagle). **Dreamstime.com:** Carlosphotos (bc); Nejron (cb); Chansom Pantip (ftr); Arindam Ghosh (cra). **naturepl.com:** Luiz Claudio Marigo (cla). **51 123RF.com:** anankkml / Anan Kaewkhammul (cb/jaguar); Ajay Bhaskar (r). **Alamy Stock Photo:** Zizza Gordon Insect collection (bl). **Dreamstime.com:** Beautifulblossom (tr); Ryszard Laskowski (bc); Gan Chaonan (br); Whiskybottle (bc/orchid); Isselee (crb); Olga Soe (red flowers x3); Thenatureguy1 (clb); Morley Read (crb/scorpion); Vlad Ivantcov (c); Superoke (cla); Douglas Delgado (cra); Ekays (tl); Waraphot Wapakphet (tl/leaves). **naturepl.com:** Gabriel Rojo (cb). **52 123RF.com:** waldemarus (bc/baobab). **Dreamstime.com:** Bennymarty (crb); Yinan Zhang (cl); Snehitdesign (c); Alexander Shalamov (cr); Kewuwu (c/tree); Fritz Hiersche (bc); Svetlana485 (br); Alexandr Yurtchenko (tc). **naturepl.com:** Piotr Naskrecki (clb/ant 1, clb/ant 2, clb/ant 3). **53 Alamy Stock Photo:** Ken Griffiths (br). **Dorling Kindersley:** Blackpool Zoo (clb); Wildlife Heritage Foundation, Kent, UK (cra). **Dreamstime.com:** Anekoho (cr); Lev Kropotov (crb); Pokec / Jan PokornÃ (cb); Birdiegal717 (bc); Izanbar (bc/possum); Godruma (bl); Johan63 / Johannes Gerhardus Swanepoel (cl); Luca Santilli (c); Vicspacewalker (cla); Luciano Queiroz (ca); Rafael Cerqueira (cla/guinea pig). **54 123RF.com:** cookelma / Andrey Armyagov (b); Anan Kaewkhammul / anankkml (br). **Alamy Stock Photo:** George Brice (bl); Robert Shantz (cb); Mike Lane (cra). **Dorling Kindersley:** Andy and Gill Swash (cr). **Dreamstime.com:** Steve Byland (tl); Derrick Neill (clb); Eutoch (fcr); Eutoch (fcra); Isselee (cla). **55 123RF**.com: alhovik (fcra); Natalie Ruffing (cr); sladerer / Scott Laderer (ca); Ufuk Zivana (ca/cactus). **Alamy Stock Photo:** Arterra Picture Library / Clement Philippe (bc); Nature Picture Library / John Abbott (bl); Rick & Nora Bowers (crb). **Dreamstime.com:** Dfikar (clb); Frank Fichtmueller (fcrb); Skynetphoto (cra); Domnitsky (c); Withgod / Alexander Podshivalov (tl); Vally (cla). **56–56 Dreamstime.com:** Phartisan (rock x4). **56–57 Shutterstock.com:** Aleksandr Pobedimskiy (br/sandstone x2). **56 123RF.com:** jackf / Iakov Filimonov (cb). **Alamy Stock Photo:** Niebrugge Images (br); Paulette Sinclair (cb/bear); Ronald S Phillips (bc). **Dreamstime.com:** Jim Cumming (cra); Jackf / Iakov Filimonov (crb); Iakov Filimonov (ca); Nelikz (clb). **57 123RF.com:** isselee / Eric Isselee (clb); Prapan Ngawkeaw (cl). **Dreamstime.com:** Jpsdk / Jens Stolt (butterflies x3); Yotrak (cla). **Shutterstock.com:** Yes058 Montree Nanta (br/granite). **58 Alamy Stock Photo:** All Canada Photos / Wayne Lynch (fclb); Dembinsky Photo Associates / Alamy / Dominique Braud (cb); Bob Gibbons (cra); Realimage (cla). **Dorling Kindersley:** Jerry Young (crb). **Dreamstime.com:** Devon Crosby (bl); Planetfelicity (br); Luna Vandoorne Vallejo (bc); Grafner (b); Outdoorsman (fcrb); Uhg1234 (clb/reindeer); Zanskar / Vladimir Melnik (cla/walrus); Luis Leamus (cr); Il`mar Idiyatullin (fcra); Troyka (ca). **Getty Images / iStock:** Karyn Schiller (fcla). **59 Alamy Stock Photo:** era-images / Colin Harris (tr); Minden Pictures / Norbert Wu (bc). **Dreamstime.com:** Agami Photo Agency (cla); Photographerlondon (br); Sharon Jones (crb); Vika Ivanets (cb); Freezingpictures / Jan Martin Will (cr); Slowmotiongli (c); Staphy (ca); Biletskiy (t); Viktoria Ivanets (tc). **Getty Images:** Digital Vision / David Tipling (bl). **60 Alamy Stock Photo:** Roger Hutchings (cra); WhiskeyWolf (cl); Ann and Steve Toon (c). **Dreamstime.com:** Adogslifephoto (ca); Chuchart Duangdaw (crb); Biletskiy (b); Comzeal (clb); Hel080808 (cr); Nilanjan Bhattacharya (cla/tiger); Maxirf (cra/anti poaching unit); Sarayut Thaneerat (cla). **61 Dreamstime.com:** Steve Allen (bc); Skylightpictures (cb); Andrey Koturanov (cb/Waterflood); David Pereiras Villagra (br); Romolo Tavani (crb); Win Nondakowit (bl); Gpgroup (clb); Sjors737 (cra); Piotr Wawrzyniuk (cla); Noamfein (tr). **64 Dreamstime.com:** Marc Bruxelle (tr/Maple); Vvoevale (tr); Nadiia Havryliuk Kharzhevska (crb); Zerbor (tr/maple tree)

Delweddau'r clawr: *Blaen a Cefn:* **Dreamstime.com:** Irinav; *Blaen:* **123RF.com:** Aaron Amat bc/ (Ostrich), jackf / Iakov Filimonov cl, madllen (sprout), Liubov Shirokova (Flower), Andrzej Tokarski / ajt fbr, Anatolii Tsekhmister (squirrel); **Dorling Kindersley:** Blackpool Zoo cla, Centre for Wildlife Gardening / London Wildlife Trust (Hollyleaf), Mark Hamblin tc, Liberty's Owl, Raptor and Reptile Centre, Hampshire, UK (tarantula), Natural History Museum, London (butterfly), Jerry Young (Bumblebee); **Dreamstime.com:** Atman (leaf), Marc Bruxelle (MapleLeaf), Carlosphotos (Butterflyx2), Denira777 cr, Lgor Dolgov / Id1974 cra, Dreamstock (Fir), Dvrcan cra/ (weevil), Iakov Filimonov cla/ (goat), Angelo Gilardelli br, Godruma ca/ (beetle), Vasyl Helevachuk (robin), Eric Isselée (Silkworm), Isselee (Deer), Jblackstock / Justin Black tr, Jgade (frog), Johan63 / Johannes Gerhardus Swanepoel (impala), Svetlana Larina / Blair_witch clb, Nejron (parrot), Matee Nuserm fcrb, Pokec / Jan PokornÃ clb/ (Kangaroo), Stu Porter (Cheetah), Alexander Potapov (agaric), Stevenrussellsmithphotos tc/ (Butterfly), Ievgenii Tryfonov cl/ (trunk), Vasiliy Vishnevskiy cb/ (Rook), Vvoevale (brown leaf); **Getty Images:** Fuse cb/ (Jaguar); **Getty Images / iStock:** GlobalP tl, igorkov (eagle); *Cefn:* **123RF.com:** madllen (sprout), Liubov Shirokova (Flower), Anatolii Tsekhmister (squirrel); **Dorling Kindersley:** Jerry Young (stickleback fish), Centre for Wildlife Gardening / London Wildlife Trust (Hollyleaf), Twan Leenders tl, Liberty's Owl, Raptor and Reptile Centre, Hampshire, UK (tarantula), Natural History Museum, London (butterfly), Jerry Young (Bumblebee); **Dreamstime.com:** Atman (leaf), Marc Bruxelle (MapleLeaf), Dreamstock (Fir), Dvrcan (weevil), Freezingpictures / Jan Martin Will (penguin), Vasyl Helevachuk (robin), Eric Isselée (Silkworm), Isselee (Deer), Jgade (frog), Johan63 / Johannes Gerhardus Swanepoel (impala), Svetlana Larina / Blair_witch ca, Luis Leamus cr, Nejron (parrot), Uros Petrovic crb, Stu Porter (Cheetah), Ievgenii Tryfonov (trunk), Vasiliy Vishnevskiy (Rook), Vvoevale (brown leaf), Zerbor bc; **Getty Images / iStock:** GlobalP (panda), igorkov (eagle); *Meingefn:* **Dreamstime.com:** Macrovector (snail), Alexander Potapov (agaric)

Pob delwedd arall: hawlfraint © Dorling Kindersley
Am wybodaeth bellach gweler: www.dkimages.com